사이버 공동체와 민주주의

: 사회적 자본과 정치참여

사이버 공동체와 민주주의

: 사회적 자본과 정치참여

송 경 재 著

한국학술정보(주)

목 차

표 목차

그림 목차

Ⅰ. 들어가며

제1절 문제제기 및 연구목적

정보사회(information society)로의 진입은 인간의 삶을 과거 산업사회와는 다른 형태로 재구성하고 있다. 특히 정보통신기술의 비약적인 발전은 복합적이고 다중적인 형태로 발전함에 따라 정치·경제·사회·문화의 변화는 이전과는 비교할 수 없을 정도로 전환되고 있다. 이로 인해 정보사회에 대한 기대감은 희망과 불안이 교차하고 있는 것이 사실이다.

정보사회와 함께 등장한 사이버스페이스(cyberspace)는 새로운 공간의 확대를 통해 이전에는 상상할 수 없었던 형태의 공동체를 만들게 되었다. 그것이 바로 사이버 공동체(cyber community)이다.[1] 공동체를 일반적으로 '특정한 지역에서 관심사를 공유하는 사람들의 집합체'라고 정의한다면 사이버 공동체는 사전적인 의미로 '사이버스페이스에서 관심사를 공유하는 사람들의 집합체' 또는 '컴퓨터 통신망상에서 형성되는 가상적인 공동체'라고 할 수 있을 것이다. 이처럼 사이버 공동체는 정보통신기술의 발전으로 등장한 새로운 공간으로서 사이버스페이스에서 형성된 공동체의 유형이라고 할 수 있다.[2]

---

[1] 사이버 공동체라는 용어는 연구자마다 다양하게 사용하고 있다. 일반적으로 사용되는 것만 해도 인터넷 커뮤니티(internet community), 온라인 커뮤니티(online community), 사이버 커뮤니티(cyber community), 온라인 카페(online cafe), 가상 공동체(virtual community) 등이다. 본 연구에서는 용어상의 혼란을 없애기 위해 보편적으로 사용되는 '사이버 공동체'로 통일하여 사용하도록 하겠다.

[2] 사이버 공동체의 정의와 관련된 심화된 논의는 한국정보통신기술협회, 『정

사실 공동체 또는 결사체와 민주주의 논의는 알렉시스 토크빌 (Alexis de Tocqueville)과 존 스튜어트 밀(John Stuart Mill)을 비롯한 많은 학자들의 관심사항이었다. 그들은 공동체의 역할에 주목하면서 '민주주의의 학교'로서의 자발적인 결사체(voluntary associations)와 사회참여(social engagement)를 강조했다. 정치학자들도 공동체의 사회적인 합의능력 추구와 협력적인 시민사회의 중요성에 주목하고, 안정적인 민주주의를 위한 기반으로 신뢰나 시민문화(civic culture)의 역할을 중시한다. 사실 전통적인 공동체의 장점에 대한 문제의식은 정보사회의 진입과 함께 형성된 사이버 공동체의 역할과 효과에 대해서도 동일한 결과를 미칠지에 대한 의문으로 이어졌다.

따라서 인터넷의 도입은 현실에서 이미 존재하는 모임이나 공동체를 온라인상에서 활성화해준다거나, 사이버공간상에서 새로운 집단을 형성해서 오프라인으로 발전시키는 방식으로 새로운 형태의 공동체인 사이버 공동체를 광범위하게 확산시키고 있다. 그 어느 방식이든 사이버 공동체는 집단을 형성하고, 회원을 충원하고, 회원을 유지하는 데 있어 현실 공동체에 비해 상대적으로 적은 비용으로 원하는 정보를 제공받고, 공동의 관심사항에 대한 집합재(collective goods)를 형성한다. 사이버 공동체의 활동양식에 착안하여 연구자들은 인터넷이 주는 효과인 동시에 올슨(Mancur Olson)이 지적한 무임승차(free riding)와 집단행동의 딜레마(dilemma of collective action)를 해결할 수 있는 유력한 대안으로 간주하기도 한다.[3]

보통신용어사전』(http://www.tta.or.kr); Rheingold. *Smart Mobs: The Next Social Revolution*.(Perseus, 2002); 이원태, "인터넷 정치참여에 관한 연구: 2004년 한국의 17대 총선정국을 중심으로", 서강대학교 박사학위논문 (서울: 2004) 참조.

3) 정연정, "인터넷과 집단행동의 논리: 올슨(Olson)의 집단행동의 논리를 중심으로", 『한국정치학회보』 제36집 1호(봄호), (서울: 한국정치학회, 2002), pp.69-86 참조.

또한 정보사회에서 사이버 공동체는 빠른 확산과 함께 젊은 세대의 생활에서 하나의 문화(cyber culture)로 자리 잡았다. 2003년 정보통신 윤리위원회(http://www.icec.or.kr)의 조사에 따르면, 네티즌(netizen)들이 가입, 활동하고 있는 사이버 공동체는 평균 6개 이상이다. 그리고 이는 더욱 늘어나 그 범위를 카페형태에서 블로그(blog), 개인 홈피, 메신저 등으로 포괄적인 범주로 구분한다면 국내에서 활동하고 있는 사이버 공동체의 수는 헤아릴 수 없을 것이다. 실제 2005년 11월 현재 개설 다음카페(http://cafe.daum.net)의 경우만도 카페 600만 개, 가입자 수 3,200만, 게시 글 21억 개에 달한다.

이와 함께 문화적 현상도 사이버적인 특성을 가진 독특한 방식으로 확산되고 있다. 사이버 문화라고 하는 새로운 문화형태가 만들어지고 있으며, 폐인이나 마니아(mania) 층이 확산되고 있다. 한국의 사이버 공동체 확산과 그 문화적 현상을 관찰한 연구자들은 이 같은 발전방식과 범주의 다양성에 주목한다. 사이버공간 내에서의 활동이 점차 현실 영역까지 침투해 하위문화에 불과했던 사이버 문화가 오히려 대중문화로까지 자리 잡아 가고 있는 것이다.[4)]

2000년 이후 한국에서 인터넷으로 유발된 다양한 사회·정치적인 사건들을 분석해보면, 이와 같은 주장의 근거는 여러 군데에서 발견된다. 바야흐로 사이버공간은 오프라인 현실공간과는 다른 새로운 형태의 공간으로 등장한 것이다. 이 과정에서 네티즌의 활동공간으로써 사이버

---

4) 사이버 공동체, 사이버스페이스와 관련된 사회·문화·심리적인 연구는 다양하게 진행되고 있다. 보다 자세한 내용은 피에르 레비(Pirre Levy) 저. 김동윤·조준형 옮김. 『사이버 문화』(서울: 문예출판사, 2000); 마크 스미스 외 편. 조동기 역. 『사이버공간과 공동체』(서울: 나남, 2001); 홍성태. 『사이버사회의 문화와 정치』(서울: 문화과학사, 2000); 민경배. "정보사회에서의 온라인 사회운동에 대한 연구-한국의 사례를 중심으로", 고려대학교 대학원 사회학과 박사학위논문.(2002); 제일기획. "대한민국 변화의 태풍-젊은 그들을 말한다."(서울: 제일기획 마케팅 보고서, 2003); 김유식. 『인터넷 스타 개 죽어, 대한민국을 지켜라!』(서울: 랜덤하우스 중앙: 2004) 참조 바람.

12

공동체는 다중적인 방식으로 국내외 사건 및 이슈를 전하는 창구(窓口)이자, 행동의 장(場)으로서 활용되고 있다. 이와 같은 현상은 사이버 공동체가 단순히 현실과 괴리된 공간으로서가 아니라 상호작용(interactivity)하는 공간임을 확인해 주고 있다.

한국에서 사이버스페이스의 등장과 확산은 많은 이들에게 사이버 공동체의 역동성에 주목하게 되었고 그에 따른 관심도 집중시켰다. 무엇보다 정치영역에서의 역동성은 우리에게 많은 시사점을 주었다. 2002년 대통령선거와 2004년 탄핵과 총선 과정에서 나타난 많은 인터넷 기반의 사회운동과 선거운동은 전통적인 운동방식을 아날로그(analogue)적인 것으로 만들었고 동원과 조직화 또한 논란거리를 남겨주었다. 이제 정보사회에서는 각종 사회적인 사안에 대한 대응이 개별적인 형태에서 사이버 공동체의 형성과 동조자의 적극적인 결합이라는 과거와는 다른 방식으로 조직화·체계화되고 있다.5)

일반적으로 공동체는 다양한 원인들로 인해 산업화 이후 내부적인 역동성을 상실하고 해체 내지는 침체되고 있다. 그 결과 현대사회는 개인화로 인한 참여의 쇠퇴와 정치적 무관심층의 증가라는 난관에 직면하게 된 것이다.6) 마찬가지로 사이버 공동체와 관련된 논의 또한 이같은 흐름을 벗어나지 못하고 있다. 한발 더 나아가 사이버 공동체의 형성으로 해체되는 공동체적인 질서가 더욱 가속화될 가능성이 등장하면서 사이버 공동체는 기존의 공동체와는 다른 형태의 공동체인 양 인

---

5) 이런 사례는 사실 사회운동의 유력한 방식으로 각광을 받고 있다. 최근 몇 년간의 대표적인 사례들만 보아도 2001년 미국의 9·11테러, 2002년 16대 대통령 선거, 월드컵 4강 진출, 주한미군 궤도차량에 희생된 미선·효순 추모 촛불시위, 2003년의 이라크전쟁 반대, 2004년의 노무현 대통령 탄핵과 총선, 중국의 동북공정 반대, 2005년 독도 사이버 한일전쟁 등이 있다.

6) Robert D. Putnam, "Bowling Alone: America's Declining Social Capital", Larry Diamond & Marc F. Plattner, eds. *The Global Resurgence of Democracy*(Baltimore and London: The Johns Hopkins University Press, 1995), pp.290-303 참조.

식되었다. 일부 사이버 공동체의 등장이 정치참여에 낙관적인 전망을 증명하고자 하는 입장도 공론장과 전자 민주주의 기능 이상을 설명하고 있지 못하며 내부적인 역동성에 대한 세밀하고 정교한 추적이 이루어지지 못하고 있는 상황이다.

이와 같은 사이버 공동체와 관련된 기존 연구들은 근본적으로 2가지 문제점을 가지고 있다. 첫째는 공동체의 발전과정에서 사이버 공동체의 존재에 대한 인식부족이다. 특히 내적인 동학과 역동성에 대한 분석 없이 외부적인 영향력에 대한 해석만을 시도한 연구들로 인해 사이버 공동체의 발전 가능성은 폄하되기도 한다. 두 번째는 사이버 공동체가 가지는 잠재력에 대한 소극적 대응이다. 이로 인해 사이버 공동체가 발전과정상에 있는 공동체로서 인식되지 못하고 현상의 한 단면만으로 평가되고 있다.

본 연구는 한국에서의 사이버 공동체와 민주주의 특히 정치참여 (political participation)와의 관계에 대한 연구이다. 그중에서 새로운 공간으로서의 사이버 공동체의 발전이 정치참여와 어떤 연계를 가지고 있는지, 자발적으로 형성된 사이버 공동체가 현실사회의 문제점들이 투사(投射)되고, 새롭게 구성되면서 정치참여와는 어떤 인과관계(casuality)를 가지고 있는지를 분석하고자 한다.[7]

사이버 공동체의 정치참여와 관련한 기존 연구는 사이버 공동체 참여자들은 오프라인 정치참여 활동 간의 상관성이 약하거나 또는 없는 것으로 제시하고 있다. 그렇지만 본 연구는 이런 결과에 머무르지 않고 한발 더 나아가 사이버 공동체의 현재 수준의 정치참여 행태를 살펴보고, 어떤 조건에서 정치참여가 보다 활성화될 수 있는지 까지 분

---

7) 본 연구는 사이버 공동체에 대해 정치·경제·사회·문화의 거시적 측면에서 종합적으로 접근하는 것이어서 기술적인 구현방법에 대한 세세한 논의는 연구의 취지와 목적상 적절하지 않고 또한 너무나 방대한 것이기 때문에 다루지 않기로 한다.

석해 볼 것이다. 세부적으로 사이버 공동체의 특성을 공동체의 민주주의와 정치참여 경향을 측정할 수 있는 지표인 '사회적 자본 접근(social capital approach)'을 적용하여 살펴보았고, 또 사이버 공동체 활동과 정치참여와의 관계를 분석하고자 한다.

이와 같은 연구목적을 달성하기 위해 먼저, 사회적 자본 형성과 정치참여에 대한 연구를 통해 사이버 공동체와 오프라인 공동체의 정치참여 방식은 어떤 차이를 보이는지를 확인할 것이다. 둘째, 사회적 자본의 축적으로 공동체의 형성과 발전이 정치참여에 긍정적인 기능을 하듯이 사이버 공동체 연구에서도 그 적용이 가능한지를 통합적인 연구방법론(integrated research methodology)을 적용하여 분석해 볼 것이다. 셋째, 한국의 사이버 공동체가 민주적 공론장(public sphere)으로 발전할 가능성과 민주적·참여지향적인 사이버 공동체를 만들기 위해서는 어떤 조건이 필요한지 분석할 것이다. 마지막으로, 사이버 공동체를 분류하여 각 분류별로 내부의 사회적 자본의 형태와 사회·정치참여 경향의 차이를 분석하고자 한다.

제2절 연구방법

1. 통합적인 연구방법

사이버 공동체의 연구방법론(methodology)과 관련하여 먼저 짚고 넘어가야 할 문제가 있다. 그것은 사이버 공동체와 관련한 연구방법론이 아직 제대로 정착되지 못했다는 점이다. 이는 아직 사이버와 관련된 연구가 사회과학에 적용된 역사가 짧기 때문에 나타난 것일 수도 있다.[8]

인터넷 연구방법론에 대한 권위자인 스티브 존스(Steve Jones)도 인터넷과 관련된 연구가 용인된 방법론을 가지고 있지 못하다고 지적하고, 방법론적으로 다층적인 적용과 학제 간 통합연구의 필요성을 강조하고 있다. 이어서 그는 최근 인터넷 관련연구에서 활용하고 있는 질적 연구(qualitative research)와 양적 연구(quantitative research)의 사례를 제시하고 이를 종합할 수 있는 사이버의 특성에 맞는 방법론을 모색해야 한다고 주장했다.[9] 이런 문제의식에 따라 최근 인터넷 연구방법론으로 각광받고 있는 것은 통합적인 연구(integrated research)방법론이다. 통합적인 연구방법론의 아이디어는 경험적인 결과들이나 해석을 분석하기 위해 전형적인 연구방법들을 결합시키고자 하는 것이다. 페이 수드웍스, 시미언 J. 시모프(Fay Sudweeks and Simeon J. Simoff)는 어떤 하나의 방법이 갖는 약점을 다른 방법이 가지고 있는 강점으로 균형을 잡는다는 것이 그 핵심 원리라고 주장했다.[10]

---

8) 이재관. 『사이버 공동체의 성공요인』 아산재단연구총서.(서울: 집문당, 2002).
9) Steve Jones(ed). *Doing Internet Research: Critical Issues and Methods for Examining the Net.*(Thousand Oak, California: Sage, 1999). 이재현 옮김. 『인터넷 연구방법』(서울: 커뮤니케이션북스, 2000) 참조.

통합적 연구방법은 이미 사회과학 전반에 활용되고 있는 연구방법론
이다. 특히 경험적인 결과나 구조적인 요인, 문화·역사적인 해석 등 한
가지 요인으로 설명하기 어려운 분야의 연구에 있어 그 유용성이 확인
되었다. 정치학적 방법론과 관련하여 킹과 코헤인, 버바(Gary King,
Robert Keohane & Sidney Verba)는 통합적인 연구방법론의 강점을 주
장한 바 있다. 그들에 따르면, 통합적인 방법론은 단순한 계량적 검증결
과를 보강해줄 뿐만 아니라 사례연구를 통해 실제적인 상황에서 각 설
명변수들이 어떻게 상호작용하여 기대되는 결과를 초래하는지 단계적으
로 면밀히 보여줄 수 있는 장점을 가지고 있다고 강조했다.[11]

역시, 세계은행(World Bank)의 크리스나와 시레이더(Anirudh Krishna
& Elizabeth Shrader)도 통합적인 연구방식이 공동체 연구에서 거시적이
고 미시적인 연구를 종합함으로써 현상에 대한 분석력을 높일 수 있다
고 설명하며 다각적이고 통합적인 접근법을 강력하게 제시했다.[12]

따라서 사이버 공동체와 정치참여와의 관계를 분석하기 위한 본 연
구도 방법론적으로 질적 연구(qualitative research)와 계량적 연구
(quantitative research)를 동시에 실시하는 통합적 연구(integrated
research) 방법론을 적용했다.[13]

먼저 계량적인 연구(quantitative research)는 인터넷 사용자를 대상
으로 설문조사를 실시해 사이버 공동체 활동이 구성원들로 하여금 정

---

10) Steve Jones(ed).(1999), pp.456-458 참조.
11) Gary King, Robert Keohane & Sidney Verba. *Designing Social Inquiry:
    Scientific Inference in Qualitative Research.*(Princeton: Princeton
    University Press, 1994) 참조.
12) Anirudh Krishna & Elizabeth Shrader. "Social Capital Assessment
    Tool."(World Bank, 1999)
    http://myfile.hananet.net/~p.2528582/socialcapital/sc104.pdf.(검색일:
    2002년 7월 4일).
13) 이 방법은 삼각측량(trianglation), 미시-거시 연계(micro-macro link) 또
    는 혼합방법(mixed methods)과 같은 이름으로도 불린다.

치참여나 사회적 활동 참여에 어떤 상관관계를 가지고 있는가를 검토해 보았다. 계량적 연구는 관찰된 현상을 설명하는 것이라 할 수 있다. 그러기 위해서는 연구하고자 하는 개념들을 조작적으로 정의하고, 이를 측정할 수 있는 지표로 계량화해야 한다. 본 연구도 실험의 설계와 가설 설정, 증명, 일반화의 과정을 거쳤다.[14] 사이버 공동체의 특성을 공동체의 민주주의와 정치참여 경향을 측정할 수 있는 지표인 사회적 자본(social capital) 개념을 적용하여 살펴보았고, 또 이 독립변수들이 사이버 공동체 참여자들의 정치참여에 어떤 연관성을 미치는지를 통계적으로 분석해 보았다.[15]

다음, 질적 연구(qualitative research)를 위해서는 사례연구(case study)의 방법을 사용했다. 사례에 활용된 30여 개의 사이버 공동체 중, 심층 분석을 위한 22개의 사이버 공동체를 선별했다. 그리고 사이버 공동체의 유형은 별도의 대상 구분에 따라 목적별로 유형화하여, 활발히 활동하고 있는 공동체의 유형과 이미 사라져 버린 사이버 공동체까지 심층 인터뷰(in-depth interview), 모니터링(monitoring), 이메일 조사, 문헌조사 등의 다각적인 접근을 시도했다.[16]

---

14) Steve Jones(ed).(1999), pp.446-460 참조.
15) 연구자가 사이버 공동체 연구에서 사회적 자본을 적용한 이유는 사회적 자본이 공동체의 특성을 파악하고 그 영향력을 확인할 수 있는 유력한 도구로 활용되기 때문이다. 자발적 참여(self-motivated participation)로 형성된 사이버 공동체가 내부의 신뢰와 규범, 네트워크가 형성되고 이것이 발전하여 현실의 정치참여에 얼마나 영향을 미칠 수 있을 것인가를 분석할 수 있을 것이다.
16) 켄달(Lori Kendal)은 사이버스페이스와 관련된 연구에서 참여관찰(participant observation) 이야말로 가장 중요한 연구방법론 중의 하나라고 했다. 그는 기존의 연구방법이 사회적 맥락(social context)을 무시하는 경향이 있다고 비판하고 참여관찰을 통해서 이를 극복해야 한다고 주장했다. 참여관찰은 두 가지 면에서 장점이 있다. 첫째, 연구자로 하여금 참여자들이 보여주는 정체성 수행의 범위, 그리고 그러한 수행이 그들에게 갖는 의미를 좀 더 잘 이해할 수 있게 해준다. 둘째, 상호작용의 다양한 사회적인 맥락들을 고려하는 참여관찰을 이용함으로써 정체성의 정치를 부활시킬 수 있다. 이에 대한 보

18

이상의 방법론을 적용하여 본 연구는 한국에서의 사이버 공동체 활동이 온라인에서의 활동뿐만 아니라 현실 오프라인영역으로 확산하여 구체적인 정치 참여적 영향력을 미칠 것인지를 살펴볼 것이다.

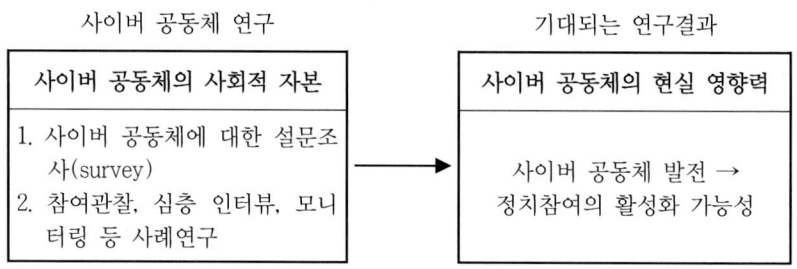

사이버 공동체 연구　　　　　　기대되는 연구결과

사이버 공동체의 사회적 자본
1. 사이버 공동체에 대한 설문조사(survey) 2. 참여관찰, 심층 인터뷰, 모니터링 등 사례연구

사이버 공동체의 현실 영향력
사이버 공동체 발전 → 정치참여의 활성화 가능성

〈그림 Ⅰ-1〉 연구방법 및 기대 연구결과

2. 계량연구

먼저, 설문조사를 실시하여 한국에서 활동하고 있는 사이버 공동체 참여집단의 민주주의와 정치참여 행태를 분석하고자 한다. 본 연구에서는 기존의 연구성과들을 종합하여 사이버 공동체 참여자들이 내부적으로 어떤 역동성을 가지는지를 사회적 자본의 지표로 측정(measurement)하고 한발 나아가 정치참여에는 어떤 영향을 미치는지를 살펴보았다. 설문조사 분석은 사이버스페이스에서의 네티즌들을 대상으로 한 패널조사 방식으로 진행했다. 사이버 공동체가 가지고 있는 특성과 사회·정치적 참여에 대한 양적 분석을 통해서 측정지표를 계량화했다.

연구의 순서로는 먼저, 설문에 응답한 사이버 공동체 참여자들의 인구 통계적인 결과에 대해 요약했다. 다음으로 요인 분석(factor analysis)

다 자세한 논의는 Steve Jones(ed).(1999), pp.200-225 참조.

과 신뢰성 분석(reliability analysis)을 실시하여 영향요인들의 타당성 (validity)과 신뢰성(reliability)을 분석한 뒤 사이버 공동체 활동의 하위 영향 요인들을 범주화하였다. 셋째, 이러한 요인들이 정치참여도를 측정 할 수 있는 대용변수(proxy variable)인 공동체 내부적 참여와 외부의 사회·정치참여 행태에 미치는 영향을 확인하기 위해 다중회귀분석 (multiple regression analysis)을 통한 인과관계를 검증하였다. 이 과정을 통하여 각각 독립변수들의 종속변수에 대한 영향력의 크기를 측정하였 다. 또한 이와는 별도로 교차분석을 통해서 한국의 사이버 공동체의 분 야별 유형과 공동체의 회원 규모에 따라 직접적인 정치참여 경향에는 어떤 차별성을 보이는지를 분석해 보았다.

3. 사례연구 방법

사례연구에서는 계량적인 실증분석에서 확인한 사이버 공동체 참여 자들이 가지는 사회·정치참여에 미치는 각각의 영향요인들을 확인하 고, 이들 요인을 바탕으로 공통의 인터뷰 질문문항과 관찰대상을 도출 하였다. 이는 설문조사가 담아내지 못하는 인지적인 측면과 구조적인 측면에서의 사이버 공동체의 운동성·역동성을 파악하기 위한 방법으 로 적용한 것이다.

그리고 사례연구 조사기간은 사이버 공동체 22개를 선별, 2001년 5 월부터 2004년 6월까지 3년 동안 진행했다. 대상 사이버 공동체 선정 및 게시판 내용의 참여 관찰(participant observation)과 해당 사이버 공동체의 오프라인 정기모임 및 임시모임 참석, 9회의 운영진 또는 시 솝(sysop)과의 심층 인터뷰, 20여 회의 이메일과 전화 인터뷰, 회원들 간의 직접적인 대화, 모니터링을 통해 자료를 수집하였다. 아울러 기존 에 발표된 사이버 공동체에 대한 서적과 사례연구, 언론 보도자료 등

문헌자료도 적극적으로 활용해 연구자가 미처 조사하지 못한 내용들을
발굴하는 데 힘썼다.

제3절 연구대상과 구성

한국의 사이버 공동체를 서비스 제공자별로 분류해 보면, 크게 3가
지 형태로 구분이 된다. 먼저, 대형 포털 사이트에서 이메일, 무료 홈
페이지 제공 등의 인센티브(incentive)로 회원을 확보한 후에 이들을
중심으로 공동체를 형성하는 다음카페, 네띠앙, 드림위즈 등이 있고,
두 번째로는 처음부터 전문적으로 사이버 공동체를 형성할 수 있는 기
술적·물적 토대를 만들어서 회원을 모집하고 있는 아이러브스쿨, 싸
이월드, 다모임, 프리챌 등이다. 여기에 개인의 홈페이지나 기업의 홈
페이지 커뮤니티를 포함한 자발적으로 형성된 사이버 공동체를 비롯해
크게 3가지 형태로 구분된다.[17]

본 연구에서는 연구의 편의를 위해 사이버 공동체의 범위를 포괄적
으로 적용하여, "영리 또는 비영리 단체가 운영하는 사이버 공동체와
개인의 정보제공용 사이트 그리고 개인 또는 기업의 홈페이지 내에서
의견이 오고가는 게시판, 메신저까지 망라한 것"으로 대상을 설정했다.
사실 이런 연구대상 범위는 너무 광범위할 수도 있다. 하지만 최근 인
터넷이 가지고 있는 많은 기능 중에서 한 가지 만을 고집하지 않고 다
기능화 되어 쌍방향 커뮤니케이션을 위한 통로로 발전하고 있기 때문에
그 추세에 따라 내부적으로 공동체적인 기능을 하는 영역을 망라했다.

본격적인 논의에 앞서 연구자는 사이버 공동체의 운영목적을 기준으

---

17) 사이버문화연구소. 『한국의 온라인 커뮤니티, 역사와 동향』 조사연구보고
서(서울: 사이버문화연구소, 2003) 참조.

로 현재 가장 활용도가 높은 목적별 분류법과 대형 ISP 운영 주체의
분류방법을 종합하여 사이버 공동체를 분류하였다. 이 분류법을 적용
하여 한국의 사이버 공동체를 5가지 형태로 구분하였다. 이 같은 분류
는 실증연구와 사례연구에서 분석과 결과를 보다 풍부하게 하는 데 도
움을 줄 것이다.

이 같은 목적별 분류법은 선행 연구의 경험을 바탕으로 재구성한 것
이다. 사이버 공동체의 특성에 대해 연구한 도준호 등은 사이버 공동
체를 공동체의 목적에 따라 4가지 형태로 유형화시킨 바 있다. 이는
가장 일반적인 구분방법으로 사용되고 있다. 세부적인 구분은 (1) 성
원들 간의 사귐과 만남을 주축으로 하는 교제/친목 공동체, (2) 정보
의 획득이나 교육을 목적으로 하는 정보/교육 공동체, (3) 취미나 오
락의 추구를 위한 취미/오락 공동체, (4) 그리고 정서적인 지원이나
사회적 지원을 위한 정서/지원 공동체로 분류된다.[18]

서이종도 주요한 커뮤니티 ISP 중의 하나인 다음커뮤니케이션의 카
페(daum cafe)에 대한 사례분석을 실시하면서 역시 공동체의 목적에
따른 분류를 한 바 있다. 그는 다음카페의 사이버 공동체를 취미 커뮤
니티, 토론 커뮤니티, 연령별 커뮤니티, 지역 커뮤니티, 기타 커뮤니티
의 5가지로 구분했다.[19]

본 연구에서 사용되는 분류는 세부적으로 다음의 5가지로 구분했다.
(1) 먼저 취미나 오락을 추구하는 취미형 공동체, (2) 정보습득이나
학문적 목적으로 운영되는 정보형 공동체, (3) 인간관계 형성을 위한

---

18) 도준호 외. "인터넷의 사회, 문화적 영향 연구."(서울: 정보통신정책연구
    원, 2000), pp.14-15 참조.
19) 서이종. 『인터넷 커뮤니티와 한국사회』(서울: 한울아카데미, 2002),
    pp.43-44 참조. 그리고 사이버 공동체의 분류법에 대한 보다 상세한 설명은
    박기홍. "사이버 커뮤니티에서의 사회적 자본 형성 가능성에 관한 연구-
    ISP의 역할을 중심으로."(서강대학교 공공정책대학원 석사학위논문, 2002)
    를 참조하기 바람.

교제나 친목을 위한 친목형 공동체, (4) 그리고 사회·환경·지역·정치적인 문제에 대한 사회정치형 공동체, (5) 마지막으로 이상의 4가지 형태에 속하지 않은 기타 공동체 등 5가지로 구분했다. 연구의 대상은 기타공동체를 제외한 나머지 4개의 공동체로 한정했다.[20]

마지막으로 본 연구는 다음과 같이 구성되었다. 먼저, Ⅰ장에서는 서론으로 연구의 목적과 연구방법론, 대상, 구성을 서술했고, Ⅱ장에서는 본 연구에 앞서 연구의 배경이 되는 한국의 사이버 공동체의 발전과정과 현황에 대해 살펴보았다.

Ⅲ장에서는 기존이론에 대한 검토의 장으로 그동안 연구되어온 공동체, 사이버 공동체와 민주주의, 사회적 자본에 대한 기존 연구성과들을 살펴보도록 하겠다. 특히 현대에 이르러 대의 민주주의의 문제점 등장, 정치참여 이론, 공동체와 민주주의 이론, 사회적 자본에 대한 기존 연구를 비롯해 사이버 공동체와 정치참여에 관련된 연구자들의 이론들을 다루었다.

Ⅳ장은 계량적 연구(quantitative research)를 적용해 사이버 공동체가 가지는 내부적 특성과 사회·정치참여 지표를 조작적으로 정의하여 측정하였다. 이어서 통계를 활용하여 교차분석과 요인분석, 다중회귀분석을 실시해 사이버 공동체 활동과 온라인과 오프라인 간의 정치참여와의 관계를 살펴볼 것이다.

Ⅴ장에서는 구체적인 사이버 공동체를 선정해 참여관찰과 문헌조사,

---

20) 이 분류법도 문제점을 내포하고 있다. 사이버 공동체의 목적이 계속 영속되리라는 보장이 없을뿐더러 그 구분도 공동체가 발전할수록 모호하게 변질되기 때문이다. 해당 사이버 공동체 활동은 최초에는 설립목적이 분명히 존재하지만, 그 설립목적과는 별도로 취미 활동을 비롯해 소규모 형태의 정보제공, 소모임, 학교별, 연령별, 지역별 모임, 운동동호회 등 영역을 오가며 내부적으로 세분화되고 있기 때문이다. 그럼에도 본 연구에서는 설립목적별 분류가 사이버 공동체를 대분류별로 단순화시킨 명확한 분류방법인 까닭에 이를 기준으로 하였다.

인터뷰에 의한 사례연구(case study)를 진행했다. 이를 통해 한국의 사이버 공동체의 특성과 공동체 참여자들의 정치참여적인 특징을 규명해볼 것이다. 그리고 별도의 소결로 사례분석을 통해 발견할 수 있었던 사이버 공동체의 특성과 정치참여와의 상관성에 대해 제시하도록 하겠다.

Ⅵ장은 결론으로 연구를 종합하여 사이버 공동체와 정치참여와의 관계를 확인하고 이를 보다 강화하기 위한 몇 가지 제언을 할 것이다. 또 논의를 종합하여 연구의 함의(implication)와 문제점을 제안하도록 하겠다.

II. 사이버 공동체의 발전과정과 현황

본 장에서는 연구에 앞서 배경이 되는 한국의 사이버 공동체의 발전
과정과 현황에 대해 살펴보았다. 한국의 사이버 공동체 발전과정은
1990년대 초반 PC통신 동호회에서부터 인터넷과 블로그나 미니홈피
같은 개인소통 매체까지 확산되는 시기를 3기로 구분하여 각각의 특징
과 현황을 살펴보았다. 그리고 현황은 현재 운영되고 있는 사이버 공
동체의 다양한 유형을 제시하고 주요 사이버 공동체에 대해 개괄적인
정보를 기술했다.

제1절 온라인 시민과 사이버 공동체

한국의 사이버 공동체 역사는 1990년대 초반으로 거슬러 올라간다.[21]
온라인으로 공동체적인 현상이 발견된 최초의 시기는 PC통신의 동호회
부터이다. 이 시기부터 모뎀접속용 통신망을 활용한 수많은 PC통신 동
호회가 등장했다. 그러나 당시 PC통신 동호회는 상대적으로 구획되고
폐쇄적인 공동체의 특성을 가지고 있었다. 그리고 PC통신 사업자의 개
입과 규제가 크다는 문제가 있었다. 그럼에도 새로운 공동체 문화에 대
한 열광과 환호로 인해 새로운 공동체적 이상을 가진 온라인 시민인 '네
티즌(netizen)'이 출현한 것은 중요한 의미를 가진다고 하겠다.

이후 사이버 공동체가 전면적으로 확산되는 시기는 1990년대 말로

---

21) 사이버 공동체의 발전과정과 관련한 본 내용은 『온라인 커뮤니티 비엔날
레 2003 기념 심포지움 자료집』과 사이버문화연구소에서 발간한 『한국의
온라인 커뮤니티, 역사와 동향』을 참조하여 작성되었다.

인터넷 서비스의 시작과 전문 커뮤니티 서비스가 등장하면서부터이다. 당시 한국에서 확산되기 시작한 인터넷을 기반으로 하는 정보통신기술 (information and communication technology)적인 환경의 발전으로 인해 다음, 드림위즈, 프리챌, 아이러브스쿨, 하늘사랑, 세이클럽 등 포털 사이트 커뮤니티 및 커뮤니티 전문 사이트가 등장했다. 그리고 폭발적인 인터넷 이용자 수의 증가로 인해 인터넷 문화로서 커뮤니티의 보편화가 이루어 졌다.

바야흐로 인터넷의 확산으로 인해 사이버 공동체의 자유로운 개설과 네트워크로 연결된 개방적인 공동체가 형성되었던 것이다. 제한적이고 PC통신 사업자에 의해 내용규제를 받던 시기에 비하면 비약적인 확산을 하게 되었고 중복적·복합적인 관심사 및 취향의 공동체가 형성되었다.

이 시기는 특정 문제해결을 위한 사이버 공동체의 실체적 행동이 증가했다는 특징을 보인다. 초기에는 단순히 기업이나 어떤 정부정책에 대한 안티 사이트(anti-site)에서 다양한 이해를 공유하는 공간으로서 사이버 공동체가 활용되었다. 이것이 확산되어 자발적인 참여의 공간으로서 사이버 공동체의 유용성이 확인되었고, 점차 사이버스페이스에서는 많은 사건들이 이슈로 등장했다. 소비자 운동 차원에서 기업에 대한 불매운동을 시작으로 남북문제, 정치문제, 각종 사회적인 사건에 대한 의견을 공유하는 공간으로 활용되었던 것이다.

그리고 2003년 이후에는 한 단계 높은 사이버 공동체적인 발전을 보여주고 있다. 그중에서도 커뮤니티 전문 포털의 등장, 블로그(blog) 미니홈피를 통한 네트워크(일촌 맺기) 등이 형성되면서 이전과는 다른 형태의 사이버 문화가 형성되고 사이버 공동체가 하나의 사회적인 영향력을 가진 집단으로 등장하게 되었다. 특히 개인 소통매체와 공동체 간의 연동이 이루어지면서 개인 미니 홈페이지나 블로그, 집단적인 사이버 공동체 간의 연동 등 온라인과 오프라인의 수렴(convergency)현상이 활발해지고 있다. 그러나 한편에서는 대화적 공간과 물리적 공간의 괴리를 통해, 오히려 공공공간의 의미가 약화될 가능성도 존재해 향후의 미래상에 대한 의문이 제기되기도 한다.

〈표 Ⅱ-1〉 한국의 사이버 공동체 발전과정과 특징

시기	1기	2기	3기
기간	1990년~1998년	1998년~2002년	2003년 이후
기술환경	PC통신망 모뎀 연결방식	인터넷 기반 LAN, ADSL방식	인터넷＋개인 소통매체 휴대이동통신
특징	① 구획되고 폐쇄적 ② PC통신 사업자의 개입과 규제가 뚜렷함 ③ 통신공간의 자유를 위한 통신이용자 운동 ④ 새로운 문화에 대한 열광과 환호	① 자유로운 개설, 네트워크로 연결된 개방적 공동체 형성 ② 다양한 관심사 및 취향의 공동체 형성 ③ 상업화 경향의 침투와 문화 간 갈등 ④ 특정 문제해결을 위한 사이버 공동체의 행동주의 증대	① 개인적인 네트워크의 강화 ② 가상공간과 일상생활통합 경향(이동통신, 유비쿼터스) ③ 사회·정치운동에 있어 인터넷을 매개로 하는 집단행동이 발전 ④ 인터넷의 긍정적, 부정적 기능 교차

* 출처: "온라인 커뮤니티 비엔날레 2003(http://www.open4u.org) 자료집"을 바탕으로 연구자가 재구성

제2절 사이버 공동체의 현황

한국의 사이버 공동체의 확산과 발전은 현황조사에서 더 잘 나타난다. 2003년 정보통신윤리위원회는 네티즌들이 가입한 사이버 공동체는 몇 개나 되는지에 대한 리서치를 실시했다. 응답은 참여자 675명 중에

서 6개 이상에서 활동한다는 응답이 가장 많은 62%로 나타났고, 가입한 공동체가 없다는 응답은 6%에 불과해 상당수의 네티즌들이 사이버 공동체 활동을 하고 있는 것으로 집계되었다. 이 같은 집계치는 한국에서 인터넷을 사용하는 인구 중 약 94%가 1개 이상의 사이버 공동체 활동을 하고 있다는 응답이 나온 것이다.[22] 2004년 이후 개인홈피와 블로그, 메신저 등의 새로운 공동체적 커뮤니케이션 수단이 발전한 것을 감안하면 사이버 공동체의 확산은 더욱 폭넓게 진행되고 있는 것으로 보인다.

한국에서 운영되고 있는 사이버 공동체의 형태는 주로 3가지 형태로 발전하는데 포털에서 운영하는 것과 전문형, 기업 네트워크 등 3가지로 구분된다. 주요 유형 분류는 다음 〈표 Ⅱ-2〉와 같다.

---

[22] 정보통신윤리위원회(www.icec.or.kr)가 2003. 08. 01~2003. 08. 31 1개월 동안 참가자 675명의 사이버 폴 조사결과 1~2개 가입했다는 응답이 103 명(15%), 3~5개 정도는 109명(16%), 6개 이상은 421명(62%), 없다는 응답은 42명(6%)으로 조사되었다.

〈표 Ⅱ-2〉 사이버 공동체 유형분류

유 형	세 대	기반서비스	종 류
포털	1세대	검색기능형 포탈에서 출발	야후 http://kr.yahoo.com 네이트 http://www.nate.com 네띠앙 http://www.netian.com 네이버 http://www.naver.com
	2세대	전자우편, 개인홈페이지 제공형에서 출발	다음 http://www.daum.net 드림위즈 http://www.dreamwiz.com
대기업 네트워크		기업의 전자상거래 커뮤니티	롯데닷컴 http://www.lotte.com/ 삼성몰 http://www.samsungmall.co.kr
전문 커뮤니티	1세대	동호회 전문 사이트	프리챌 http://www.freechal.com
			아이러브스쿨 http://www.iloveschool.co.kr
		채팅 전문 사이트	하늘사랑 http://www.skylove.com 세이클럽 http://www.sayclub.com
		실명제 인맥 전문 사이트	싸이월드 http://www.cyworld.co.kr
		게임전문 사이트	한게임 http://www.hangame.com
	2세대	블로그 기능을 가미한 미니홈피와 무선인터넷에 의한 기능 강화	

* 출처: 사이버 문화연구소, 『한국의 온라인 커뮤니티, 역사와 동향』(서울, 2003), p.28 에서 연구자가 재구성

　본 연구에서는 한국의 사이버 공동체 중에서 대표적인 사이버 공동체의 개요를 간단하게 살펴보는 것으로 현황을 대신하도록 하겠다. 먼저 다음카페의 실태는 한국에서 얼마만큼 사이버 공동체가 확산되고 있는지를 알려주는 좋은 본보기이다. 다음카페는 인터넷 포털 사이트(internet portal site)인 다음커뮤니케이션(www.daum.net)이 운영하고 있는 사이버 공동체이다. 2005년 11월 현재 다음카페는 1999년 5월 25일 개설된 이후 친목·취미·학문·여성·경제·금융 등 총 170여 개 카테고리에 600만 개의 모임이 활동 중으로 규모 면에서 아시아 최대

이다. 가입자 수는 3,200만 명이고, 카페 활동 평균회원 수는 2,400만 명에 달하고, 1일 평균 신규카페 개설 수는 2,000여 개에 이르고 있다. 가입할 수 있는 카페는 무한대로 가입할 수 있다.[23]

또 다른 커뮤니티(community) 전문 사이트인 프리챌 (http://www.freechal.com)은 2000년 1월 1일 서비스가 개시된 이후 회원 수 1,200만 명, 사이버 공동체는 유·무료 합쳐 40만 개에 이르고 있다.[24] 프리챌은 강점으로 공개성과 자율성으로 사이버 공동체의 자유로운 개설이 가능한 점을 강조했다. 아울러 게시판, 투표, 설문 등 20여 가지 기능을 원하는 대로 사용할 수 있고 또한, 사이버 공동체 스스로 자생력을 가질 수 있도록 자금 관리, 홍보기능, 단체 메시지, 소규모 커뮤니티 서비스 등 많은 기능을 제공한다. 특히 사이버 공동체의 운영자금 모집 기능으로 광고 스폰서를 모집할 수도 있고 회원들을 모집하기 위해 메일, 쪽지, 메신저 등의 전광판 서비스를 통해 홍보할 수도 있다.

한편 새로운 커뮤니티 사이트도 등장하고 있다. 대표적인 곳이 사이버 마니아들에게 인기가 높은 싸이월드(http://cyworld.nate.com)이다. 1999년 9월에 본격적인 서비스가 시작된 이후 단기간에 회원 수 350여만 명, 동호회 수는 40만 개 정도였지만 미니홈피가 대중적으로 성공하면서 2004년 이후 폭발적인 확장세를 거듭하고 있다.[25] 2005년 말 현재 주요 이용자 수가 1,600만 명에 이르고 있다. 특히 싸이월드는 다른 사이버 공동체와는 달리 회원 간의 친밀도를 표시할 수 있는 사이버상의 촌

---

23) 다음카페의 이용자에 관한 각종자료는 내외경제신문 2001년 6월 4일, 한국경제신문 2001년 6월 14일, 전자신문 2002년 6월 4일자와 다음커뮤니케이션 홈페이지 게시판과 PR팀의 협조를 받아 조사했다(인터뷰: 2002년 6월 30일, 2003년 9월 8일).

24) 프리챌에 대한 자료는 프리챌 홈페이지 게시판과 커뮤니티 지원팀의 도움으로 작성되었다(인터뷰: 2002년 7월 9일).

25) 싸이월드에 대한 자료는 홈페이지 자료와 SK커뮤니케이션 커뮤니티 사업팀의 인터뷰 자료를 바탕으로 작성되었다(인터뷰: 2003년 5월 13일).

수(寸數)관리를 한다. 이는 친한 친구나 선후배 간에 삼촌, 형제, 자매를 가지는 방식으로써 '인맥기반의 사이버 공동체'라는 형태로 서비스를 하고 있다.

세이클럽(www.sayclub.co.kr)은 채팅 커뮤니티 사이트로 특화된 형태이다. 1999년 6월 28일 서비스를 개시한 이래 2000년 1월 클럽서비스를 보강했다. 회원 수는 2003년에 이미 2,000만 명을 넘었고 실시간 동시 접속자 수도 50만 명 규모의 사이버 공동체이다. 현재는 채팅은 물론, 동호회 서비스 등 커뮤니케이션을 기반으로 한 커뮤니티 사이트로 확장되었다.

또 학창시절의 동창을 찾기 위한 사이트로 2000년 최대의 인기를 끌었던 아이러브스쿨(www.iloveschool.co.kr)은 1999년에 서비스가 시작되어 2003년 1,100만 명의 회원에 100만여 개의 커뮤니티를 가지고 있다. 유사한 성격의 사이버 공동체 전문 사이트인 다모임(www.damoim.net)은 졸업생 중심인 아이러브스쿨과 달리 초·중·고교·대학 등 재학생 중심의 사이트로서 활동하는 재학생 비율이 약 60%에 달한다.

그리고 마이클럽 닷컴 코리아(www.miclub.com)는 약 150만 명의 회원을 확보하고, 하루 평균 450만 페이지뷰(page view)를 기록하는 여성전문 포털이다. 회원 중 여성비율이 80%를 차지한다. 마이클럽 게시판에선 한 달에 한 번꼴로 불매운동이 일어나 기업들을 긴장시키고 있는데, 대표적으로 지난 솔트레이크 동계올림픽에서 김동성 선수가 미국 선수에게 금메달을 빼앗기자, 이곳 게시판에선 '맥도날드 불매운동'이 벌어져 지역별로 매출액까지 보고되는 등 큰 성과를 올렸다. 이같은 사례는 여성이 주로 당하기 쉬운 문제에 대한 불만이 게시되면 더욱 확산된다고 한다. 회원 대부분이 20~30대의 젊은 여성층으로 그들만의 이야기를 나눌 수 있는 공동체이기 때문에 파급력은 더욱 크다는 것이 자체의 분석요인이다. 아울러 마이클럽은 여성 전문 포털 사이트답게 '여성 전용 커뮤니티 서비스'를 별도로 운영하고 있다.

하지만 한국에서의 사이버 공동체는 이처럼 양적 성장뿐만 아니라 질적으로 새로운 변화를 맞이하고 있다. 이미 카페형, 클럽형 사이버 공동체를 벗어나 새로운 네트워킹형 사이버 공동체의 한 유형인 '블로그(blog)'까지 등장한 것이다. 일부에서는 블로그를 마이크로 미디어 혁명으로까지 찬양하고 있는데 이 블로그란 용어는 web에서의 b와 저장을 의미하는 log가 결합되어 만들어진 신조어이다. 블로그 이용자를 블로거(blogger)라고 부르는데 이 블로그의 탄생은 1995년께로 보고 있다.[26] 인터넷이 막 등장할 무렵 인터넷 관리자들은 웹의 곳곳에서 터져 나오는 뉴스 그룹과 대화방을 개설한 것을 블로그의 탄생으로 보는 이들이 많다. 말 그대로 1인 미디어로 발전한 블로그는 언론, 출판, 기업의 홍보, 커뮤니티 분야의 의견을 수렴하고 여론을 형성하는 모습으로 만들어지고 있다. 미국과 일본에서는 블로그 인기가 모바일(mobile)로 확산되면서 '모블로그'라는 말까지 생겼다고 한다.[27]

블로그는 인터넷에 접속하는 모든 사람들과 대화를 나눌 수 있는 기회를 제공하며 비슷한 취향을 가진 사람들과 지속적으로 정보를 공유(共有)한다. 정치, 경제, 사회에 대한 뉴스는 물론이고 문학, 예술, 취미에서부터 사소한 일상사까지 다양한 내용을 다룸으로써 정보에 대한 욕구를 채우는 긍정적인 역할을 한다. 또 같은 취향을 가진 사람들과 링크 서비스(link service)가 되기 때문에 새로운 형태의 거대한 공동체를 형성, 세력을 확장하고 있다. 특히 2003년 이라크전쟁 때 '살람팍스'라는 사용자가 바그다드의 일상과 전쟁의 참화를 게시해 전 세계적으

---

26) 웹 로그(web log)란 말은 1997년 11월에 존 바거 (http://www.robotwisdom.com)가 처음 사용한 것으로 알려져 있으며 로그(log)는 항해일지(logbook), 여행 일기라는 뜻을 가지고 있다. 그리고 에반 윌리엄즈(Evan Williams)가 만든 블로깅을 위한 사이트, 블로거(blogger)에서는 블로그의 정의를 '일기처럼, 정기적으로 업데이트되는 짧은 글들로 이뤄진 웹 페이지'라고 한다.
27) 이지은. "인터넷시대 새 패러다임 블로그."(inews24.com, 2003).

로 큰 파장을 불러 일으켰다.

또 다른 중요한 흐름은 이른바 인맥 네트워크라고 할 수 있는 미니홈피의 확산이다. 초기 이슈형 공동체로 시작된 흐름은 2004년 이후 급속히 미니홈피를 통한 사적공간으로 체화되는 특성을 보이고 있다. 그러나 이것이 사이버 발칸화(cyber balkanization)로 매몰되는 것이 아니라 미니홈피 간의 연계와 네트워크를 구축하여 새로운 인맥 네트워크를 만들고 있다. 즉 개인의 사적 영역과 공적 영역이 융합되면서 새로운 인터넷형 네트워크가 형성되고 있는 것이다.

이상 간략하게 한국에 존재하는 사이버 공동체에 대해서 살펴보았다. 이 밖에 메신저나 개인용 홈페이지, 각종 게시판 등도 참여자들의 의견을 교환하고 정보를 교류한다는 측면에서 모두 사이버 공동체의 한 형태라고 할 수 있을 것이다. 이처럼 짧은 기간 동안 사이버 공동체는 초보적인 게시판 기능에서 시작하여 커뮤니티형 최근의 블로그나 미니홈피형까지 양적 확산뿐만 아니라 질적으로도 성장을 거듭하며 사회의 새로운 활동영역으로 자리를 잡았다.

Ⅲ. 이론적 검토

본 장은 사이버 공동체와 민주주의 특히 정치참여와 관련된 기존논의에 대한 검토의 장이다. 먼저, 정치참여의 개념과 분류에 대한 연구성과를 제시하고, 기존의 이론과는 다른 새로운 공간으로의 사이버스페이스에 적용 가능한 정치참여의 개념 확대의 필요성을 제시할 것이다. 그리고 사이버 공동체의 개념, 공동체의 협력과 참여, 사회적 자본에 대한 기존 연구성과들을 살펴보고 이에 대한 선행연구를 종합적으로 검토해 보았다.

제1절 정치참여

고대 그리스의 직접민주주의와 근대민주주의는 제도적 차이에도 불구하고 참여(participation)를 공통의 본질로 한다. 근대 선거제도만 하더라도 제한 또는 차별선거에서 보통선거로 발전하여 왔는데, 이는 곧 참여의 확대 및 평등화의 과정이라 할 수 있다. 그러나 공직자를 선출하여 그들에게 사실상 모든 것을 위임하는 선거를 통한 참여만으로는 불충분하며 민주주의도 확보될 수 없다. 이에 대해 장 자크 루소(Jean-Jacques Rousseau)는 인민의 주권이 다른 누구에 의해 대의될 수 있는 것이 아니라고 하면서 대의민주주의의 문제점을 영국을 예로 들어 다음과 같이 제시했다.[28]

---

28) 그럼에도 루소는 직접민주주의는 4가지 전제조건이 충족되지 않아 환상이라고 지적한다. 첫째 인민들이 모일 수 있는 작은 규모의 국가, 둘째 사안이 간단한 것, 셋째 사회적으로 지위나 재산상의 평등이 보장, 넷째 사치

영국의 인민들은 스스로 자유롭다고 생각하지만, 그것은 큰 잘못
이다. 그들이 자유로운 것은 오직 의회의 의원을 선거하는 기간뿐
이다. 선거가 끝나는 순간부터 그들은 다시 노예가 되어버리고 아
무런 가치도 없는 존재가 되어 버리는 것이다.[29]

프랑스의 알렉시스 드 토크빌(Alexis de Tocqueville) 역시 오래전에
민주주의가 자칫 민주적 전제주의(democratic despotism)로 빠질 수 있
는 위험성을 내재하고 있다고 경고했다. 민주적 전제주의는 선거라는 민
주적 절차를 통해 다수의 동의를 획득한 사람들이 권력을 위임받은 후
에 다수의 이름으로 전제적인 통치를 하는 것이다. 이미 대의민주주의의
문제점에 대해서 그는 오래전에 간파한 것이다. 토크빌은 민주주의를 연
구하면서 미국이 민주적 전제주의의 위험에 쉽게 빠지지 않는 이유를
언론과 집회 및 결사의 자유를 폭넓게 보장하고 시민의 자유정신을 고
양한 자발적인 참여에 의한 공동체 의식이 있기 때문이라고 했다.[30]

이처럼 대의민주제의 한계를 극복하기 위해서는 사회 구성원이 더욱
폭넓게 일상적으로 사회적 의사결정에 참여하지 않으면 안 된다는 참여
의 확대가 필요하게 된 것이다. 이에 따라 시민의 직접 참여 가능성을
높임으로써 기존의 대의 민주주의에서 논의된 대표성 내지 대응성의 한
계, 그리고 기존의 시민참여 제도들이 가진 시간과 공간의 제약을 극복
할 수 있는 새로운 참여제도에 대한 다각적인 연구가 시도되었다.[31]

가 없는 상태를 전제로 한다고 밝혔다. 결국 루소는 직접민주주의를 이상
향으로 언급한 것이다. 보다 자세한 내용은 박동진. 『전자민주주의가 오고
있다』(서울: 책세상, 2000), p.94 참조.

29) 루소 저·이태일 옮김. 『사회계약론』(서울: 범우사, 2002), p.123 참조.

30) 토크빌 저·임효선, 박지동 옮김. 『미국의 민주주의 Ⅰ, Ⅱ』(서울: 한길사,
2002); 이향순. "한국 시민 사회의 형성과 참여 민주주의."(서울: 참여사
회 연구소, 2001). 시민사회분과 세미나 발표문.

31) 최근 대의 민주주의를 보완하는 기제로서 심의 민주주의(deliberative demo-
cracy), 결사체 민주주의(associative democracy), 참여 민주주의(participatory
democracy), 전자 민주주의(electronic democracy) 등 많은 보완연구 또는

민주주의는 기본적으로 구성원들의 정치참여를 필요로 한다. 민주주의는 그 정의상 가치의 권위적 배분을 행하는 공동체의 의사결정 과정이 다수에 의해 이루어지는 정체(政體)이기 때문이다. 그러나 민주주의에서 구성원들의 포괄적인 정치참여가 과연 바람직한가, 아닌가 혹은 어느 정도의 정치참여가 필요하고 적절한가 하는 문제 등과 관련하여서는 의견이 일치하고 있지 않다. 이들의 상반된 관점은 기본적으로 시민사회(civic society)에 대한 관심 및 지식 등과 같은 시민성 내지는 시민적 자질에 대한 시각차(差)에서 비롯된다.

무엇보다 참여가 정치적으로 중요한 의미를 가지는 이유는 민주주의의 대표성 의미 이외에도 참여를 통해서 시민들 간의 상호교류가 생기고 타인과의 관계 속에서 공동체의 목적을 이룰 수 있기 때문이다. 정치나 투표행위에 참가한다는 협의적인 개념이 아니라 자발적으로 공동체에 참여하고 사람들은 상호간의 공통된 관심사를 논의하고 전체가 합의한 목적을 위하여 협동하는 법을 습득한다.

이러한 노력의 과정 속에서 사회적 신뢰(social trust)가 구축되고 또 다시 공동체의 목적을 위한 협조가 강화되면서 민주주의는 공고화(consolidation) 될 것이다. 즉 사회적인 신뢰는 공공의 목적을 위한 시

대안이 모색되고 있다. 그중 시민의 '참여 확대와 숙의'라는 주제는 시대적인 흐름과 함께 학자들 사이에서 많이 연구되고 있다(이유진 1997; 임혁백 2000; 김의영 1999; 민경배 2002; 송경재 2004). 백승현도 고전적 민주주의가 고대 그리스의 시민적 참여 민주주의(participatory democracy)였지만 직접 참여 민주주의를 실행할 수 없는 조건 속에서 대의 민주주의가 발전하면서 오늘날에 이르게 되었으나 이 같은 과정은 제한되어 시민적 참여는 정치 공동체 내에서 지속적이고 중요한 의미를 갖기보다는 대표자 선출과정이나 시민들의 요구표출 등 제한적인 관여만을 하게 되므로 참여적 형태는 제한되었다고 밝히고 있다. 그는 이러한 대의민주주의의 위기에 대해 공적토론, 심의 민주주의 확산, 통치자와 피통치자 간의 거리를 좁히는 것과 같은 참여 민주주의의 도입을 통해 민주주의의 위기를 극복하자고 주장했다. 자세한 내용은 백승현, "참여 민주주의와 의회 정치", 의회발전연구회. 『의정연구』 9호 (서울: 한국의회발전연구회, 2000). p.7 참조.

38

민들 간의 자발적인(self-motivated) 협력을 가능하게 하여 시민의 정
치 역량을 증대시키며 사회 협동구조인 자발적 단체는 내부적으로 구
성원들에게 민주적인 토론의 확대와 협동의 습관과 연대성, 공공정신
을 교육한다고 하겠다.

　　헌팅턴(Samuel P. Huntington)은 제2차 대전 후 신생국들의 정치
불안의 근원을 대중들의 참여폭발에서 찾았다. 물론 헌팅턴은 참여 그
자체가 문제라기보다는 참여를 체제 내로 통합할 수 있는 정치 제도화
의 수준을 문제 삼았지만 결국 정치참여의 확대가 민주주의 발전에 긍
정적인 것이라고 간주하지는 않았다. 대중참여에 의해 파시즘(fascism)
으로 치달은 바이마르 공화국(Die Republik von Weimar)의 몰락, 그
리고 대중의 참여에 기초한 전체주의 국가의 탄생 등, 20세기 초반의
불행한 역사적 경험들도 대중의 정치참여를 기본적으로 매우 위험한
것으로 보게 만들었다.32)

　　그러나 루소(Rousseau), 페이트먼(C. Pateman), 맥퍼슨(C. Macp-
herson) 등은 민주주의를 위해서는 모든 사람들의 참여를 극대화시켜
야 하며, 참여에서 중요한 기능은 심리적 측면과 민주적 기술 및 절차
실행을 획득하는 면을 포함하는 교육기능이고 참여과정 중 교육적 영
향을 통해 자기유지가 되므로 체제의 안정성에 대해 문제 삼을 필요가
없다고 밝히고 있다.33)

---

32) 헌팅턴(Samuel P. Huntington)을 위시한 크로지어(Michel J. Crozier)와 와
타누키(Joji Watanuki)는 유럽과 북미 그리고 일본이 "민주주의의 위기
(crisis of democracy)"에 직면해 있다고 경고한 바 있다. 그들의 출발점은
60년대와 70년대의 어두운 민주정부의 미래와 사회적 혼란, 쇠약한 지도자
그리고 시민의 소외 등이었다. Michel. J. Crozier, Samuel P. Huntington
and Joji Watanuki, *The Crisis of Democracy*.(New York: New York
University Press, 1975), p.2; Susan J. Pharr and Robert D. Putnam. 2000.
Disaffected Democracies: What's Troubling the Trilateral Countries?
(Princeton, New Jersey: Princeton University Press, 2000), p.3.
33) C. Pateman. *Participation and Democratic Theory*.(Cambridge: Cambridge

정치참여(political participation)라는 개념은 다양한 의미로 활용되고 그 방법도 복합적인 것이 사실이다. 학자들마다 정치참여의 범주에 포함시키는 행위가 서로 다르기 때문에 동일한 행위가 개념정의 여하에 따라서 참여적 행위로 간주될 수도 있고, 그렇지 않을 수도 있다. 이것은 사회영역에서 정치영역으로 투사(投射)되는 수많은 행위 중에서 어떤 형태의 행위까지를 정치참여로 간주할 것인가 하는 범위의 문제와 밀접히 관련되어 있다.[34]

먼저, 대표적인 정의로는 시드니 버바와 노만 나이(Sidney Verva and Norman H. Nie)로서 그들은 정치참여를 협소한 의미로 정의해 "시민이 정부 인사를 선출하거나 정부나 정책, 법안 등에 영향을 미치는 것을 직·간접적인 목적으로 하는 활동"으로 요약했다.[35] 마가렛

University Press, 1970).

34) 윤형섭·김영래. "한국이익집단의 정치참여에 대한 연구", 『한국정치학회보』(서울: 한국정치학회, 1989), p.42 참조. 이는 정치의 범위와도 관련된다. 신정현은 정치를 협의적으로 해석하느냐 광의적으로 해석하느냐에 따라 그 범위와 연구대상도 달라진다고 밝혔다. 즉 정치를 협의적으로 파악한다면, 정치현상을 어떤 특정한 조직이나 제도의 활동에 한정시켜 그 의미를 규정하는 것이라 할 수 있다. 즉 정치는 국가라고 하는 공동생활의 틀 속에서 단순히 개개인의 풍습이나 도덕 등의 자율적인 규범만으로 유지되지 않는 질서를 국가권력을 배경으로 법과 그 밖의 방법을 동원하여 유지시키는 작용이라고 할 수 있을 것이다. 이에 반하여 정치는 국가만으로 한정되는 인간 활동뿐만 아니라 모든 인간생활의 제(諸) 형태, 이를테면 회사·노동조합·교회·학교·가정 등 어디에서나 발생되는 이해관계의 대립이나 의견의 차이를 조정해 나가는 통제의 작용도 모두 포함하는 것으로 해석한다면 정치의 영역은 사뭇 달라질 수밖에 없을 것이다. 다시 말해 정치는 한 사회 내에서 권력이나 영향력 등과 같은 일정한 가치의 장악이나 배분을 둘러싸고 개인이나 공동체 집단, 혹은 계층이나 세력들 간에 일어나는 갈등과 대립을 잘 조정하고 통합하는 공식적·비공식적·개인적·집단적인 활동양상을 포함하는 것이다. 이에 대한 자세한 논의는 신정현. 『정치학』(서울: 법문사, 2005)을 참조하기 바란다.

35) Sidney Verva and Norman H Nie. *Participation in America : Political democracy and social equality.*(New York : Harper and Row, 1972), p.2 참조.

40

콘웨이(Margaret Conway)도 정치참여를 논하면서 이를 세부적으로 구분했다. 그는 정치참여를 투표나 직접적인 행동, 감시운동 등 일반적인 목표 지향적인 능동적 참여와 정치에 주목하기만 하는 수동적 참여로 나누었다.[36]

그러나 밀브레드와 고엘(Milbrath & Goel)은 정치참여의 개념을 대단히 광범위하게 해석했다. 그들에 따르면, "정치적인 관심을 유지하는 것 자체를 정치참여"로 보고 신문을 보고 뉴스를 찾아보는 것도 정치참여의 한 형태로 해석했다.[37]

위르겐 하버마스(Jurgen Habermas)는 참여의 역할에 대해 강조했다. 그는 일관되게 '공공의 장(public sphere)'을 통해 시민의 참여를 확대하고 공동체 의식을 길러야 한다고 주장했다. 그리고 시민사회에서 정치적 공론 영역을 확대하는 것이 도덕적 요구를 법과 정치에로 확산시키는 중요한 방법이고 이의 규범적 기초가 의사소통적 이성(합리성)이며 이러한 이성의 실현을 통해 인간 해방의 실현이 어느 정도 가능하다고 보았다.[38] 여기서 공공영역이란 독립적이고 또한 당파적인 경제세력에서도 자율성을 누리는 공론의 장으로서, 합리적인 논쟁에 일반시민들이 자유롭게 참여할 수 있으며 동시에 그들에 의해 검열을 받는 영역이다.[39]

황용석은 보통 정치참여 개념은 시민들이 정치적 이슈에 주목하는 인지적 차원에서부터 집회참가, 투표, 그리고 각종 정치 자원봉사 활동에 참가하는 행동적인 차원까지를 포괄하는 것으로 보았다. 그러나 그는 정

---

36) Margaret Conway. *Political Participation in the United States.*(CQ Press, 1991) 참조.

37) L. W. Milbrath & M. L. Goel. *Political Participation.*(Chicago: Rand McNally, 1977); 홍미연. "새로운 정치참여: 인터넷 정치관련 사이트를 중심으로", 『커뮤니케이션 과학』 제19호, (서울: 2002).

38) Jurgen Habermas. *The Structural Transformation of the Public Sphere.* (Cambridge, Mass: The MIT Press, 1991).

39) 백선기. 『정치담론과 인터넷』(서울: 커뮤니케이션북스, 2003), pp.35-36 참조.

치참여의 개념이 다차원적인 구성개념(multiple dimensional construct)
이라고 지적했다. 용어상으로도 정치참여는 정치적인 이슈에만 주목한
정치관여(political involvement), 공동체 활동에 참여하는 방식의 정치개
입(political engagement), 그리고 정치 활동(political activity) 등의 개념
과 혼재되어 있어 하나의 차원으로 정의하는 것은 부적절하다고 보았
다.[40]

　한편 참여사회연구소는 참여의 개념을 "사회의 보통 구성원이 의사
결정의 결과에 영향을 미치거나 영향을 미치고자 하는 행동"으로 정의
했다. 따라서 참여민주주의란 민주주의의 근본인 '참여'의 속성을 강조
하기 위해 나왔으며, 참여의 유효화 과정이 참여민주주의이며 좀더 넓
은 의미의 정치체제로서 참여민주주의는 곧 유효한 참여제도의 집합이
자 그 체계화인 것이다. 참여의 주체는 특정 엘리트가 아닌 사회의 보
통 구성원들에 의한 아래로부터의 참여를 의미하며, 수단에 있어서도
단순한 선거뿐만 아니라 의사결정 과정에 영향을 미칠 수 있는 여러
가지 행동들, 예컨대 집회나 청원, 캠페인 등의 행동들을 포괄할 수 있
다는 것이다.[41]

　대표적인 참여민주주의 주장자인 벤자민 바버(Benjamin Barber)는
'강한 민주주의(strong democracy)'를 주장하며 참여자의 변화가 이루
어지는 과정으로서의 정치참여를 강조한다. 참여를 통해 사회의 구성
원들은 공공선의 달성과 자아실현이라는 효과를 얻을 수 있으며, 다양
한 구성원들의 참여관찰 속에서 사회의 불필요한 갈등과 오해의 소지
를 감소할 수 있다고 주장했다.[42]

---

40) 황용석. "인터넷 이용과 정치참여에 관한 탐색적 연구-제16대 총선 기간
　　동안 인터넷 정치사이트 이용을 중심으로", 『한국언론학회보』 제45-3호(서
　　울: 한국언론학회, 2001), p.424.
41) 참여사회연구소. 『참여민주주의와 한국사회』(서울: 창작과비평사, 1997).
42) Benjamin Barber. *Strong Democracy, Participatory Politics for a New
　　Age.*(University of California Press, 1984); 변기옥. "시민단체의 對국회

최근에는 참여에 대한 새로운 해석이 나오고 있다. 대표적으로 피파 노리스(Pippa Norris)는 전통적 해석으로서의 정부인사의 선임과 그들에게 영향을 미치려는 행위도 중요하지만 시대적 변화에 따라 이러한 해석은 지나치게 협소한 개념화의 함정에 빠지게 된다고 비판했다. 특히 국민국가(nation-state)의 쇠퇴와 함께 새로운 참여의 방식이 제기되고 있으며, 그러한 예를 저항적 행동주의에 따른 참여로 보았다.43)

이상의 정치참여의 정의를 정리하면 다음 〈표 Ⅲ-1〉과 같다.

〈표 Ⅲ-1〉 정치참여의 개념정의 및 논지 요약

구 분	개념정의 및 논지
Verva & Nie	· 시민이 정부 인사를 선출하거나 정부나 정책, 법안 등에 영향을 미치는 것을 직·간접적인 목적으로 하는 활동.
Conway	· 정치참여를 투표나 직접적인 행동, 감시운동 등 일반적인 목표 지향적인 능동적 참여와 정치에 주목하기만 하는 수동적인 참여로 구분.
Milbrath & Goel	· 정치적인 관심을 유지하는 것 자체가 정치참여.
Habermas	· 참여의 역할에 대해 강조.
황용석	· 다차원적인 구성개념(multiple dimensional construct).
참여사회연구소	· 사회의 보통 구성원이 의사결정의 결과에 영향을 미치거나 영향을 미치고자 하는 행동.
Barber	· 참여자의 변화가 이루어지는 과정으로 정치참여 강조.
Norris	· 전통적인 참여에서 시대의 변화에 따른 새로운 해석 필요성 제기(저항적 행동주의).

정치운동 분석: 참여 민주주의의 이론과 실제."(서울: 1998) 참조.
43) Pippa Norris. *Democratic Phoenix: Reinventing Political Activism.*(New York: Cambridge University Press, 2002), pp.194-195. 그녀는 저항적 행동에 의한 참여를 (1)청원서에 서명, (2)보이콧 참여, (3)시위 참여, (4)비공식적 파업참여, (5)점거 등을 측정요인으로 분석했다.

이상의 개념과 함께 참여의 분류에 대한 연구도 활발하다. 전통적인 참여에 대한 연구는 정치참여를 관습적(conventional or orthodox) 정치참여와 비관습적(unconventional) 정치참여로 구분한다. 관습적 정치참여는 합법적이고 정당하다고 인정되는 참여행태만을 연구대상으로 하고 정치적 항의행동은 제외하였다. 그러나 비관습적 정치참여인 시위나 집회, 항의 등이 일상적인 정치적 행동으로 널리 확산되고 수용됨에 따라 이에 대한 연구도 활발해지고 있다.44)

한편 설한은 정치참여를 목적별로 분류해야 한다고 주장했다.45) (1) 정부의 인사나 정책에 대한 영향력 행사 혹은 통제, (2) 국가권력으로부터 사익의 평등한 보호, (3) 자기계발, (4) 공동체의 발전, (5) 정당화가 그것이다. 그는 (1)과 (2)의 기능을 고전적 자유주의와 다원민주주의 이론에서 유래하는 것으로 해석해 존 로크(John Locke)의 경제적인 사적 영역 테두리에서의 참여와 조셉 슘페터(Joseph A. Schumpeter)에까지 이어진다고 보았다. 슘페터는 참여의 목적이 정부를 만들기 위해 결정을 내려야 하는 사람들을 선출하는 것으로 보았다. 그리고 (3)과 (4)의 기능이 참여민주주의 이론가로 알려지는 이들

---

44) 박종민. "한국에서의 비선거적 정치참여", 『한국정치학회보』 28권 1호.(서울: 한국정치학회, 1994), p.165.
45) 한편 정치참여와 관련한 분류기준은 조순제(1999) "지방자치와 주민참여: 근린조직의 활성화를 중심으로."를 참조 바람. 앤스테인(Arnstein 1969)은 참여의 실질적 의미에 따라 조작, 치료, 정보제공, 상담, 회유, 협동관계, 권리위임, 주민통제까지 여덟 가지의 참여단계를 제시하고 있고, 짐머만(Zimmerman 1986)은 참여자의 자발성을 기준으로 수동적 참여와 능동적 참여로 구분하고 있으며, 바네스와 카세(Barnes and Kasse 1979)는 관습화의 정도에 따라 관습적 참여와 비관습적 참여, 뮬러(Muller 1982)는 합법성을 기준으로 합법적 또는 민주적 참여와 비합법적 또는 공격적 참여 등으로 나누고 있다. 샤프(Sharp. 1990)는 개방정부(open government), 정보수집형(information gleaning), 근린정부형(neighborhood empowerment), 공동생산(co-production) 등 4가지 형태를 제시한다. 유재원(1995)은 행정 동원적 주민참여, 공동 협력적 주민참여, 자생 조직적 주민참여 등 3가지로 분류한다.

44

에 의해 강조되는 것이라 분류되고 있다. 이들에 의하면 선거와 같은 형식적인 구조는 통치과정 속에 수반되는 권력과 세력들이 책임과 의무를 확실히 하게끔 보장하는 기제로서는 충분하지 못하며 참여는 자유주의자들의 주장처럼 보호적, 도구적인 기능이 아니라 이를 능가하는 부가적인 기능이 있다고 주장한다. 페이트먼(Pateman)은 이러한 부가적인 근원을 루소(Rousseau)와 밀(Mill)로 거슬러 간다. 그녀에 의하면, 루소와 밀은 모두 참여가 갖는 도구적·보호적 기능을 인정하고 루소는 참여를 "결정을 내리는 데 참여하는 것"을 의미하며 그것은 "사적인 이익을 보호하고 좋은 정부를 보장하는 방법의 하나"라는 것에 동의한다. 밀도 사회의 일들을 처리하는 데 있어서 참여의 실무적인 측면을 강조한다. 그러나 이들은 참여의 목적을 확대하여 추가적인 측면들을 포함시킨다. 여기에는 책임성과 공공성을 지난 시민의 발전, 자율적인 인간의 발전, 정치의 효능에 대한 인식의 발전, 공동체의 발전, 그리고 민주주의 가치들의 고취 등이 포함된다.[46]

이어서 설한은 결국 정치참여를 세 가지 형태로 구분했는데 첫째, 가장 일반적으로 이해되어지는 정치참여는 정부의 공식적인 기구에 직접적인 영향을 미칠 수 있는 법적으로 인가된 방법을 말한다. 공식적인 참여 방법으로는 투표, 선거운동, 로비 활동 등이 있다. 두 번째 범주는 항의의 행위이다. 이러한 행위들은 정치적 수완의 개발과 자기이해를 위한 수단일 뿐만 아니라 영향력 행사와 보호, 통제를 위한 효과적인 방법으로 정치참여의 범주에 포함되어졌다. 이 범주의 참여형태로는 데모, 연좌농성, 파업 등과 같은 법적/불법적, 폭력적/비폭력적인 형태의 항의를 포함한다. 마지막으로 공동체, 직장, 결사체 등에서 결정을 내리는 것 역시 많은 학자들에 의해 정치참여의 한 형태로 규정

---

46) 설한. "정치참여와 권력: 전통적 참여논의의 재평가와 수행적 참여에 대한 새로운 이해", 『국제정치논총』 41권 3호.(한국국제정치학회, 2001), pp.438-443 참조.

되어졌다. 일터나 공동체 내의 결사체들, 그리고 각종 자조적인 조직 등에서 결정을 내리는 일체의 과정들은 모두 자율적인 결정능력과 민주주의 가치의 발전에 도움이 되는 것으로 일컬어지는 행위들이다. 이러한 행위들은 또한 시민들을 정치적으로 교육시켜 복잡한 정치적 결정을 내릴 수 있는 준비를 시킬 수 있다.[47]

이렇듯 다양한 학자들에 의해 정의되고 분류된 '정치참여'를 어떻게 정의하고 구분하느냐에 따라 본 연구의 범위와 대상은 달라질 수밖에 없다. 기존 정치참여와 관련된 논의는 정치참여를 정태적으로 분석하고 있다는 점에서 한계점을 가지고 있다. 결국 정치참여의 개념은 동태적으로 사회적 발전과 민주주의의 진보와 함께 확장되고 공고화되는 개념이라고 할 수 있다. 따라서 변화하지 않는 도그마(dogma)로 본다는 것은 결국 정치참여의 개념을 협소하게 볼 가능성이 크게 될 것이다.

그런 의미에서 피파 노리스의 주장은 기존과는 다른 새로운 참여의 방식을 제기했다는 점과 변화하는 현실에 따른 유연한 정치참여의 적용가능성을 제시했다는 점에서 개념적 확장을 시도하고 있다. 그의 문제의식이 국민국가의 범위를 벗어난 새로운 참여의 형태를 분석하는 것이라고 한다면 그 의도를 사이버스페이스에 적용하면 새로운 참여의 개념으로 확장될 수도 있을 것이다.

시대적 변화 특히 새로운 정치적 공간으로서의 사이버스페이스의 등장은 참여의 범위를 확장시킬 것이고 그에 걸맞은 정치참여의 개념적 확장도 수반되어야 할 것이다. 결국 정치참여의 여러 가지 형태는 고정불변의 것이 아니며 시대적인 배경과 행위자들의 힘의 균형에 따라서 제한되기도 하고, 반대로 확산될 수도 있을 것이다. 그렇다면 본 연구에서 다루고 있는 사이버스페이스에서 정치참여의 행태는 어떤 방향으로 발전하고 있는가? 역시 마찬가지로 정치참여를 단일하고 협소한

---

47) 설한.(2001), pp.441-442.

개념으로 정형화해서는 것은 현재의 사이버 공동체의 정치참여 행태를 제대로 분석할 수 없을 것이다. 일반적인 오프라인 공동체와 마찬가지로 사이버 공동체의 활동을 협소한 개념의 정치참여로 파악하기에는 사이버 공동체 내에서의 광범위한 활동양식이 일어나고 있기 때문이다. 예를 들면, 과거에는 행정적 불편과 불만사항이 있다면 개별적인 항의와 행동으로밖에 표현할 수 없었지만 사이버스페이스에서는 여론을 형성할 수도 있고, 공동의 관심을 가진 사람들끼리 집단화가 가능하고 행동도 가능하다는 점에서 정치참여의 가능성과 기회는 보다 확산될 수밖에 없다.

또 이전과는 다른 새로운 방식의 참여의 형태는 인터넷을 통한 여론형성 기능이다. 과거에는 일부 여론 주도층과 언론·정당·사회단체 등 한정된 집단에 의해 제기되었던 사안에 대상화되어 따라가는 형태의 정치참여가 주류를 이루었다면 이제 시민들이 주체가 되어 낮은 거래비용(transaction cost)으로 자발적으로 형성하는 의제와 여론의 활성화는 이전에는 생각할 수 없었던 정치참여의 한 형태라고 할 수 있다. 이로 인해 기존에 일부 기득권층이 가지고 있던 의제형성(agenda setting) 기능이 보다 광범위하게 확산되었다는 측면은 사이버스페이스로 인한 새로운 정치참여의 한 방법으로 인정받고 있다.

이처럼 사이버스페이스에서는 상호작용과 확산의 용이함으로 인해 과거의 정치참여적인 운동양식과는 다른 방식의 정치참여적인 행태가 나타나고 있다. 그리고 집단행동의 용이함으로 인해 참여의 범위와 반경은 더욱 확산되고 있다. 따라서 이 같은 현실의 전개양식을 감안한다면 정치참여의 개념과 범위는 더욱 확장되어야 할 것이다.

사이버 공동체의 정치참여를 관찰하는 본 연구는 정치참여를 단순한 정치적인 이슈에만 주목한 정치관여(political involvement)적인 차원인 정치참여 뿐만 아니라 발전하고 있고 포괄적인 개념으로서의 폭넓은 광의의 정치참여 개념을 적용할 것이다.

요컨대, 본 연구에서는 오프라인 영역에서 국가권력을 배경으로 형성되는 다각적인 작용에 참여하는 선거, 항의, 운동, 서명 등만이 아니라 사이버스페이스에서의 공동체에 참여하고 이해관계를 조정하는 전 과정과 이익을 실현하기 위한 활동과 다양한 형태의 정치 관여적인 내용도 포괄하는 것으로 정의할 것이다.

제2절 사이버 공동체

인류는 사이버스페이스(cyberspace)의 등장과 함께 현실공간(real space)과는 다른 새로운 공간적 개념이 확산되었다. 사실 사이버스페이스란 용어는 윌리엄 깁슨(William Gibson)의 『뉴로맨서(Neuromancer)』라는 SF소설에서 처음 쓰인 말로 이후 대중적으로 확산되면서 일반적인 용어로 자리 잡았다.[48] 이 소설의 내용은 정부를 대체한 대기업들과 보안자료를 놓고 전쟁을 벌이는 컴퓨터 해커(hacker)들을 다룬 것으로 그 내용의 대부분이 유형의 물질적인 존재가 없는 컴퓨터 네트워크상의 가상의 무대를 배경으로 이루어지는데 그는 이를 '사이버스페이스'라고 명명하였다.[49]

다시 말하면, 사이버스페이스는 컴퓨터 네트워크상에서 참가성원들

---

48) 사이버(cyber)라는 말은 조타수, 통치자 혹은 운전자 등의 뜻을 의미하는 그리스어에서 유래되었다고 전해지고 있다. 이 말은 미국의 수학자인 노버트 와이너(Nobert Wiener)가 정보처리 과정을 'cybernetics'라고 명명하면서 인공두뇌 연구, 컴퓨터로 자동 제어되는 등의 현대적인 의미로 발전되었다고 한다.

49) 조일수. "디지털 민주주의 형성을 위한 민주 시민성 연구", 서울대학교 대학원 국민윤리교육과 박사학위논문. pp.19-20; 성선제. "사이버스페이스를 어떻게 평가할 것인가?" 정보통신정책연구원 편(CLIS. Montyly, 2003). pp.2-4 참조. http://www.kisdi.re.kr

이 서로 말하고, 듣고, 접촉할 수 있는 세계를 표현하는 말이다. 이 어휘는 원형적으로는 컴퓨터와 네트워크의 복합기술이 가능하게 해주는 경험 내지는 현상의 특별한 유형을 의미한다.

사이버 공동체의 개념 정의와 관련한 논의는 사이버스페이스의 존재 양태에 대한 문제에서 시작된다. 그 이유는 공동체 자체의 구분이 어려운 데다 사이버 공동체가 현실 사회와 다른 공간적 요소에서 형성되어 공동체가 구성되는 방식도 다르기 때문이다. 즉 공동체적인 복잡함에 사이버스페이스의 존재 양태에 대한 문제가 가중되어 각각의 중심적인 시각에 따라 개념이 혼재되어 사용되고 있다. 물론 이러한 것은 사이버 공동체가 학문적 연구에 도입된 지 얼마 되지 않은 한계 때문이기도 하다.[50]

일반적으로 사이버 공동체에 대한 기본적인 정의는 집단적 컴퓨터 매개 커뮤니케이션(Computer-Mediated Communication: CMC)[51]과 동일한 것으로 보는 것과 새로운 공동체 형태로서의 사이버 공동체로 보는 것으로 구분된다. 전자는 컴퓨터와 인터넷을 커뮤니케이션의 한 수단으로만 여긴다는 점에서 사이버 공동체 내의 사회적 현상을 포괄하지는 못하는 단점을 가지고 있다.[52]

이에 반해 사이버 공동체가 단순히 CMC집단이 아니라 현실세계와의 상호작용을 통해서 구성된 사회적 관계라는 입장의 대표적인 연구자는 하워드 라인골드(Howard Rheingold)이다. 그는 1993년 『가상공동체 (The Virtual-Community: Homesteading on the Electronic Frontier)』에서 사이버 공동체에 대해 다음과 같이 설명했다.

---

50) 이재관.(2002) 참조.
51) 전자우편 토론 그룹, IRC(Internet Relay Chatting)와 같은 대화방, MUD(Multiple User Dialogue)나 MUG(Multiple User Graphic)와 같은 온라인 게임, 유즈넷 뉴스그룹 등이 여기에 포함된다. 장용호.(2002), p.25 참조.
52) 이원태. "사이버 공동체와 한국사회", 2003 서강대학교 사회과학연구원·사회과학연구소 공동주최 학술회의 발표 논문집. p.40.

사이버 공동체들은 네트(net)로부터 출현한 사회적 집단들이다. 가상공간에서 많은 수의 사람들이 충분한 인간적 감정을 지니고, 인간적 관계망을 만들기 위해 장기간 그들의 관심사에 대한 공공 토론을 수행한다.[53]

최근까지 사이버 공동체의 연구와 관련된 주요한 개념 정의는 라인골드의 논의를 기본적으로 유지했다. 펀백과 톰슨(Firnback & Tompson)도 사이버 공동체를 주제에 대한 관심에 따라 특정한 경계 내에서 반복적인 접촉을 통해 사회적 관계가 가상공간에 만들어진 것 이라고 정의한다. 마크 포스터(Mark Poster)는 이를 확장해서 사이버 공동체를 현실 공동체의 연장으로서가 아니라, 민주적인 시민참여의 공론장(public sphere)으로서의 가능성까지 보아야 한다고 주장했다. 그는 "사이버 공동체 네트워크는 일과 여가, 공적인 삶과 사적인 삶의 경계를 과거와는 다른 방식으로 재편하고 네트워크를 통해 만들어지는 새로운 공간은 또 하나의 공공영역(public sphere)으로 발전한다"고 보았던 것이다.[54]

그럼에도 이런 정의들은 기본적으로 현실공동체의 연장선상의 확대 개념으로 사이버 공동체를 분석한다는 한계가 있다. 따라서 사이버 공동체의 역동성에 대한 단편적인 정의라고 밖에 할 수 없을 것이다. 이에 사이버 공동체의 정의와 관련된 논쟁은 단순한 현실 공동체의 반영이라는 입장과 이전과는 전혀 다른 새로운 형태의 공동체라는 입장으로 구분된다.

한편, 이런 입장들과 달리 사이버 공동체의 개념을 그 정의에 있어 기존의 논의와는 다르게 '사이버 요소'와 '공동체 요소'를 모두 균형적으로 보아야 한다는 주장도 있다.

---

53) Howard Rheingold. *The Virtual-Community: Homesteading on the Electronic Frontier.*(Addison-Wesley Publishing Company, 1993), p.5 참조.
54) Mark Poster. "Cyberdemocracy: The Internet and the Public Sphere", David Holmes ed., *Virtual Politics.*(London: Sage, 1997).

50

이재관은 사이버 공동체의 특성을 파악하는 것이 단순히 공동체적인 특성을 중심으로 파악하는 것이 아니라 사이버 특징을 감안한 정의가 필요하고 양자 간의 관계에 있어서 균형적인 접근이 필요하다고 제기했다. 공동체성의 부각은 사이버적 특성을 왜소화시키고 사이버 공동체가 가지는 고유한 본성을 파악하는 데 제약이 있을 수 있기 때문이다.[55]

마뉴엘 카스텔(Manuel Castells) 역시 사이버 공동체가 공동체이지만 물리적인 것은 아니며 물리적인 공동체가 하는 것과 동일한 커뮤니케이션과 상호작용 유형을 따르지는 않는다고 보았다. 그래서 사이버 공동체는 비현실적인 것이 아니며, 현실성의 다른 수준에서 작동, 즉 자체의 역동을 가지고 있다는 것이다. 이 역시 공동체적인 특성과 사이버적인 특성을 감안한 정의라고 할 수 있다.[56]

이와는 달리 맥락적 해석을 추구하는 경향도 있다. 대표적으로 빔버(Bruce Bimber)는 사이버 공동체의 특성을 공동체성의 정도에 따라 분류했다. 그는 공동체를 두터운 공동체(thick community)와 얇은 공동체(thin community)로 구분했다. 그에 의하면, 어떤 공동체가 개개 성원들의 사적이익의 총합을 넘어서는 공동선(common good)을 추구하고 그 공동선을 참조하면서 각 성원들이 이익과 가치를 규정하면 그 공동체는 '두터운 공동체(thick community)'이며, 반면에 토론, 저항, 시장거래, 투표 등에서 개별적 관심사, 이해관계, 또는 습관이 공통적이거나 보완적인 사람들의 집단은 '얇은 공동체(thin community)'로 구분했다. 비록 그는 두 개의 범주만을 제시하고 있지만 그 범주의 구별은 질적이기보다 양적이기 때문에 사실상 서열적 개념이다.[57] 한국

---

55) 이재관.(2002) 참조.
56) 마뉴엘 카스텔 지음. 김묵한·박행웅·오은주 옮김. 『네트워크사회의 도래』 (서울: 한울아카데미, 2003), pp.471-472 참조.
57) Bruce Bimber. "The Internet and Political Transformation: Populism, Community and Accelerated Pluralism", *Polity* Vol. 31 No.1.(1998); 윤영민. 『사이버공간의 정치』(서울: 한양대학교 출판부, 2000), p.120.

의 사이버 공동체의 사회적 자본에 대해서 연구한 장용호도 빔버의 두 터운 공동체와 얇은 공동체의 구분에 따라서 분석한 바 있다.[58]

그리고 사이버 공동체 역시 사회의 발전상에 따라 동시에 발전하고 복잡하게 된다는 견해도 있다. 많은 사회적 복잡화 과정과 마찬가지로 개념 역시 다양하게 분화되어야 한다는 의견으로 이에 따르면 각각의 사이버 공동체는 이해의 형태에 따라, 관심에 따라 다양한 층으로 묶이고 그것이 사이버 공동체의 실제적 존재로 보아야 한다는 것이다.[59]

이처럼 개념과 관련된 논의는 결국 사이버 공동체가 어떤 형태로 존재하느냐와 어떤 운동방식을 가지고 있느냐로 구분할 수 있다. 하지만 최근의 사이버 공동체에 대한 연구자들은 결국 공간적인 구성과 현실적인 운동의 상호작용성 내지는 온라인과 오프라인의 통합적인 인식을 중심으로 사고하고 있다. 다시 말해 문화적, 사회적인 맥락(context) 속에서 사이버 공동체를 보아야 한다는 것이고 변화되는 각각의 사회적 관계 속에서 새롭게 구성을 해야 한다는 것이다.

요컨대, 사이버 공동체의 기반은 가상공간이지만 현실과의 상호작용을 하면서 현실적인 것이 되고 기존의 현실 공동체와는 다른 방식의 운동을 만들어 가고 있다는 것으로 요약할 수 있다. 이 같은 개념정의는 사이버 공동체의 특성을 기존의 사이버 특성을 중심으로 보느냐, 아니면 공동체적인 특성을 중심으로 보느냐의 이분법(二分法)적인 사고에서 탈피했다는 점에서 보다 진일보한 것이라 할 수 있다. 결국 사이버 공동체는 "가상공간에서의 활동을 기반으로 하지만 가상공간의 특성뿐만 아니라 현실세계와의 다각적인 상호작용을 통해 공유되고 유지되는 사이버스페이스에서의 공동체 형태"라고 정의할 수 있다.

58) 장용호. 『사이버 동동체 형성의 역동적 모형』.(서울: 집문당, 2002).
59) 김도현. "가상'공동체'인가 '가상'공동체인가", 『창작과 비평』 107호. 2000년 봄.(서울: 창작과 비평사, 2000), p.73.

제3절 공동체의 협력과 신뢰, 네트워크: 사회적 자본

공동체의 협력에 대한 이론은 토크빌(Tocqueville)이나 존 스튜어트 밀(John Stuart Mill)까지 거슬러 올라간다. 이들은 모두 '민주주의의 학교(또는 훈련장)'으로서의 자발적인 결사체(voluntary associations)와 사회참여(social engagement)를 강조했다. 또 많은 정치학자들은 신뢰, 호혜성, 협력과 같은 사회적인 토론능력을 추구하거나, 협력적 사회관계에 기반한 시민사회의 중요성을 강조하고, 안정적이고 평화로운 민주주의를 위한 기반으로 신뢰(trust)나 시민문화(civic culture)에 집중한다.[60]

가브리엘 알몬드와 시드니 버바(Gabriel Almond & Sidney Verba) 또한 사회 구성원들은 공동체나 사회단체 참여로 인해 협동의 능력뿐 아니라 집단적 행위를 위한 공유된 책임감을 터득하게 됨으로써 사회적 믿음, 정치참여, 실제적 시민의 경쟁력 등을 보다 잘 발휘한다고 했다. 따라서 사회 구성원 간의 신뢰는 민주주의가 제대로 기능하기 위한 필수적인 요건이라고 주장한다.[61]

사실 공동체의 협력에 대한 논의는 다양하게 존재한다. 대표적으로 '공유지의 비극(tragedy of the commons)'은 무제한적인 방목으로 모

---

60) Susan J. Pharr and Robert D. Putnam, *Disaffected Democracies: What's Troubling the Trilateral Countries?*(Princeton, New Jersey: Princeton University Press, 2000), p.60.

61) Gabriel Almond and Sidney Verba, *The Civic Culture: Political Attitudes and Democracy in Five Nations.*(Princeton, NJ: Princeton University Press, 1963); Robert D. Putnam, *Making Democracy Work: Civic Traditions in Modern Italy.*(Princeton, New Jersey: Princeton University Press, 1993), p.90.

든 사람의 생존이 걸린 공유자원은 파괴될 것이란 것을 증명했다. 또 '공공재(public goods) 이론'도 정상적인 환경에서는 아무도 공공재를 생산, 공급할 유인이 없기 때문에 적은 양의 공공재만 공급되고 모든 사람이 고통을 받는다는 것이다. 또 다른 논의로는 '집단행동의 논리(logic of collective action)'와 '죄수의 딜레마(the prisoner's dilemma)' 이다. 먼저 전자는 파업이 일어날 때 모든 노조원이 참가하면 그 행동은 성공하나 주동자는 배신자들에게 착취당할 수 있기 때문에 사람들은 다른 사람의 강경한 노선에 무임승차하려고 파업에의 참여를 유보하고 관망하는 경향을 보인다는 것이다. 반면 후자는 서로 협력할 수 있는 대화 채널이 없는 극단적인 경우에 고립되어 있는 죄수(prisoner)는 개인의 이익을 위해 상대방을 밀고하고 둘 다 무거운 처벌을 받는다는 것으로 인간의 이기적인 속성을 보여주는 이론이다.62)

공동체의 협력에 관해 비관적인 결과가 나옴에도 불구하고, 이들 논의의 중심은 모두 당사자들이 협력할 수 있다면 보다 나은 결과를 가져올 것이라는 점을 내포하고 있다. 따라서 공동체에서의 협력(cooperation)의 증진에 대한 많은 연구가 있었고, 최근 들어서 미국에서는 공동체의 협력이 정치참여와 민주주의 발전, 경제발전이 가능하다고 하는 이론이 발전했다. 그것이 바로 '사회적 자본(social capital)' 접근이다.

근대적인 용어로서 사회적 자본이란 용어를 처음 사용한 사람은 하니판(Lyda Judson Hanifan)이었다. 그녀는 1916년 시골 학교공동체에 대한 보고서를 작성하면서 이 용어를 사용했다. 이후 제이콥스(Jane Jacobs)는 『미국 대도시의 삶과 죽음(The Death and Life of Great American Cities)』에서 역사가 오래되고 다목적으로 이용되는 도시의 이웃관계에서 보이는 조밀한 사회적 그물망이 공적인 안전을 조장하는

---

62) 일리노 오스트럼 저·윤홍근 역. 『집합행동과 자치제도』(서울: 자유기업센터, 1999); Mancur Olson. The Logic of Collective Action.(Harvard Univ Press, 1971); 최정규. 『이타적 인간의 출현』(서울: 뿌리와 이파리, 2005).

54

사회적 자본의 형태가 된다고 설명했다.63)

로버트 퍼트남(Robet D. Putnam)은 "사회적 자본을 협력적 행위를
촉진시켜 사회적 효율성을 향상시킬 수 있는 조직의 속성이며, 이를 구
성하고 있는 요소가 호혜성(reciprocity)에 바탕을 둔 신뢰(trust), 규범
(norms) 또는 네트워크(network)"라고 정의했다.64) 이처럼 "연결망, 규
범 또는 신뢰와 같은 사회조직의 특성을 지칭하는" 사회적 자본은 공동
체적 협력과 밀접한 관련을 가지고 있다. 주민단체, 스포츠클럽, 조합 등
과 같은 시민참여 연결망은 사회적 자본의 중요한 유형으로서, 이러한
연결망의 밀도가 높아질수록 공동체 성원은 호혜를 위해 협력할 가능성
이 높다는 것이 그의 논지이다. 사회적 자본이 형성되면 시민참여의 범
위도 확산되고 공동체의 성원들은 이에 단련되고 훈련되어 적극적인 정
치참여에 나서게 된다는 것이다. 이처럼 공동체나 결사체에 의한 참여의
증대는 민주주의의 건강한 발전을 촉진시킨다. 사회의 다각적인 공동체
발전은 민주주의의 필요조건으로 인정되고 있는 것이다.65)

아울러 사회적 자본은 시민사회의 발전과 밀접한 관계가 있어 시민사
회가 발전하여 성숙하게 되면 경제적인 부(wealth)를 가지게 될 뿐 아

63) 프랜시스 후쿠야마 저·한국경제신문 국제부 역. 『대붕괴 신질서』(서울:
한국경제신문사, 2001), pp.40-42. 참조.
64) Robert D. Putnam.(1993), 6장 참조.
65) 그러나 일부에서는 퍼트남식의 사회적 자본에 대한 논의는 자칫 잘못하면
보수주의자들의 국가의 영역 축소, 시장기능의 강화라는 이데올로기에 복
무할 가능성도 있다고 비판한다. 진보주의자들은 이에 대해 퍼트남의 사회
적 자본에 대한 접근방식이 지나치게 사회 중심적 접근(society-centered
approach)을 쓰고 있으며, 국가와 시민사회의 이분법적인 사고를 가지고
사회적 자본에 접근하고 있다고 비판한다. 따라서 이들은 국가나 제도가
사회적 자본의 성장과 내용에 직접적 관련이 있고 사회적 자본 접근방식
역시 국가와 시민사회의 이분법적인 사고로 접근해서는 안 된다고 주장한
다. Jean Cohen. "Trust, voluntary association and workable democracy:
the contemporary American discourse of civil society", Mark E. Warren,
eds. *Democracy and Trust.*(London: Cambridge University Press, 1999),
pp.240-241 참조.

니라 주민참여(civic engagement)의 규범이 형성되며, 이것은 효과적인 정부를 위한 선행조건일 수도 있다는 것이다. 이러한 측면에서 공동체의 사회적 자본은 시민의 정치참여와 밀접한 연관관계가 있다.66)

또 퍼트남과 필드스타인(Robert D. Putnam and Lewis M. Feldstein)은 미국 각 지역의 쇠퇴하는 공동체 참여와 사회적 자본의 사례를 연구했다. 그들은 시대적 조건과 외부의 사회·문화적 환경에 따라 형성되는 사회적 자본의 발전적 모형을 만들기 위해 12개의 사례를 발굴, 소개했고 이것은 과거와는 다른 상황 속에서 공동체의 사회적 자본을 형성하고 시민참여를 확대할 것이라고 분석했다.67)

난린(Nan Lin)은 공동체의 구조가 사회적 자본 형성과 자발적인 참여의 증진에 일정한 영향을 미친다고 주장한다. 즉 사회적 네트워크 구조의 정형화 과정에서 조직 간의 차이가 발생하고, 그것은 각각 다른 특징을 가지고 발전할 수 있다는 것이다.68)

어네스트 겔네(Ernest Gellner) 역시 시민사회의 정치적인 영역에서 사회적 자본을 분석했다. 전통적인 사회적 자본이론은 시민사회 공동체의 성숙과 밀접한 관계가 있는데 시민사회에서 자발적 단체가 다수 형성된다는 것은 정부정책에 대한 시민 참여가 활성화되었다는 것을 의미하기 때문이다. 이에 그는 사회적 자본은 자발적, 호혜적 참여에 의한 민주주의의 가능성, 수평적 네트워크, 시민사회, 경제발전, 거버넌

---

66) 박희봉·김명환. "우리나라 지역사회의 사회자본 증진에 관한 연구: 사회자본 측정과 분석을 위한 시도", 『한국정치학회보』 제34집 4호.(서울: 한국정치학회, 2000), p.223 참조.

67) 저자들도 책의 목적을 다음과 같이 기술했다. "report on how Americans are developing new ways of making connections among people, reestablishing bonds of trust and understanding, and revitalizing civic spirit."보다 자세한 내용은 Robert D. Putnam. and Lewis M. Feldstein. *BETTER TOGETHER: Restoring the American Community.*(Simon & Schuster, 2003) 참조.

68) Nan Lin. *Social Capital: A Theory of Social Structure and Action.*(UK: Cambridge University Press, 2001), pp.33-36 참조.

스(governance), 조직 내 효과성 등에 긍정적인 영향을 미치고 있다는 것을 경험적으로 분석했다.

나라얀(Deepa Narayan)은 사회적 자본의 분류를 연구했다. 나라얀에 따르면, 사회는 동질적이지 않고 계층·계급·종교·인종·지역 등과 같은 다양한 인자들로 나누어지므로 각 집단은 나름대로의 사회적 자본을 가질 수 있다는 것이다. 예컨대, 특정한 한 집단은 그 집단 내에서 아주 높은 수준의 사회적 자본을 가질 수 있지만 이것이 항상 좋은 것만은 아니며 오히려 자신들만의 집단 결속력 때문에 다른 집단으로부터 배제될 수도 있는 경우가 발생한다. 이것을 '결속형 사회적 자본(bonding social capital)'이라 한다. 그러나 내부적으로 폐쇄적인 친밀한 사회적 자본과 달리 '연결 사회적 자본(bridging social capital)'은 자신들만의 집단 결속력을 넘어서 사회내의 다양한 집단들과의 관계를 형성하는 것으로 한층 발전된 사회적 자본을 의미한다고 밝혔다.[69]

버먼(Sheri Berman)은 퍼트남의 수평적 네트워크(horizontal network)의 우월성 주장에 문제를 제기했다. 즉 어떤 것이 수평적 네트워크를 가진 조직인지 구분하는 것이 어렵다는 것이 비판의 요지이다. 그는 그 예로서 보이스카우트(boy scouts) 같은 조직은 위계적인 조직이지만 사회적 자본의 좋은 형태로 분류된다. 따라서 수직적 조직이라고 해서 내부적으로 수평적 네트워크가 없다는 것도 문제가 된다고 지적했다.[70]

한편, 피파 노리스(Pippa Norris)는 퍼트남의 사회적 자본을 3가지 테제로 정리했다.[71] 첫째, 사회적 네트워크와 상호호혜의 규범으로 사회적

69) Deepa Narayan. "Bonds and Bridges: Social Capital And Poverty."(World Bank, 1999), http://myfile.hananet.net/~p.2528582/socialcapital/sc103.pdf (검색일: 2002년 7월 4일).
70) Sheri Berman. "Civil Society and Political Institutionalization. *American Behavioral Scientist*", 40(1997), pp.401-429 참조.
71) Pippa Norris. *Democratic Phoenix: Reinventing Political Activism*.(New York: Cambridge University Press, 2002).

자본의 장점을 협조와 집단행동의 용이성에서 발견했다. 사회적 자본은 신뢰를 바탕으로 하는 협력적 행위를 촉진하는 것으로 공동체에서 사회적 자본 형성은 상호이익을 위한 조정과 협력을 강조하고 집단행동에 중요한 요소로 간주된다. 콜먼도 사회적 자본을 상대적인 개념으로 보고 개인과 집단 사이의 관계가 계승되는 것으로 개인적 특성이 아닌 집합체적 특성으로 해석한다. 자발적인 공동체나 결사체 내에서 신뢰와 협력의 사회적 자본 형성을 통해 집단행동의 딜레마를 해결할 수 있다. 물론 결속적이고 특수한 형태의 사회적 자본(bonding and particularized social capital)은 오히려 사회의 공공선을 해칠 수 있다는 문제점도 있지만, 역으로 연계적이고 일반화된 사회적 자본(bridging and generalized social capital)의 형성도 가능하다.[72]

둘째, 사회적 자본은 사회 내에서의 정치참여와 좋은 거버넌스(good governance)가 구축 가능하다. 세계은행(The World Bank Group)과 아일랜드(Ireland) 정부의 연구(National Economic and Social Forum) 결과에 따르면, 사회적 자본은 사회적 단결과 안정성을 강화해 정치참여와 공공정책의 수립, 그리고 민주주의 공고화와 높은 상관관계를 가지고 있다고 밝혀졌다. 사회적 자본은 단순히 사회적인 협력을 넘어서 지역, 국가 단위의 정치참여와 협력적 틀로서 거버넌스의 구축을 가능하게 해준다.[73]

셋째, 사회적 자본은 2차세계대전 이후 쇠퇴하고 있다. 퍼트남을 위

---

72) Marc Hooghe and Dietlind Stolle. *Generating Social Capital: Civil Society and Institutions in Comparative Perspective.*(New York: Palgrave Macmillan, 2003); 박종민·김왕식. "사회신뢰의 생성: 시민사회와 국가제도의 역할", 한국행정학회 동계학술대회.(서울: 2005).

73) National Economic and Social Forum. *The Policy Implications of Social Capital.* Forum Report No.28. Dublin Ireland: Government Publications, 2003); The World Bank Group. *Social Capital for Development.* http://www1.worldbank.org/prem/poverty/scapital/home.htm(검색일: 2005년 12월 19일).

시한 이론가들은 현대 민주주의의 침체가 사회적 자본의 쇠퇴로부터
야기된 것이라는 데 동의한다. 퍼트남과 후쿠야마는 현대국가와 공동
체의 사회적 자본 양(stock)이 중대하게 침식되고 있고 사회·경제적
향상을 위한 능력도 감소되고 있다고 보았다. 특히 최근 사회적 자본
연구자들이 지적하고 있는 것은 공동체와 시민사회 협력이 쇠퇴하고,
정치 활동이 파편화(fragmentation)되고 원자화(atomization)된다는 점
이다.[74]

사회적 자본과 관련된 논의에서 한 가지 문제는 측정(measurement)
이 어렵다는 것이다. 퍼트남 이래로 공동체와 국가, 사회조직에 대한
많은 연구와 조사에도 불구하고 사회적 자본의 측정은 미국의 전국 조
사인 GSS(General Social Survey)의 자료와 World Values Survey 등
2차 자료에 의존하는 한계를 보였다.[75]

그러나 세계은행의 크리스나와 시레이더(Anirudh Krishna &
Elizabeth Shrader)는 기존 연구자들이 공동체의 사회적 자본 측정에서
부분적인 접근에 치우치고 있다고 비판한다. 이들은 공동체의 사회적
자본 측정방법을 크게 거시적(macro) 수준[76]과 미시적(micro) 수준[77]

---

74) Mark M. Warren. "Community Building and Political Power", *American Behavioral Scientist* Vol. 42 No.1(1998) pp.78-92.
75) 신뢰 수준이나, 호혜성, 믿음과 신뢰의 강도는 계량화하거나 구체화하기 어려운 개념이다. 후쿠야마는 인구의 변동, 출산율, 이혼율, 범죄데이터, 시민사회에 대한 조사 데이터 등의 지표를 활용하여 사회적 자본을 측정했다(Fukuyama 1995; Fhkuyama 1999; 후쿠야마 2001). 또 퍼트남도 사회적 자본 측정방법으로 역사적, 구조적 문헌조사에 의한 접근법, 사회단체의 수, 이익단체, 정당 수, 투표 결과, 신문 구독률, 사례연구와 같은 지표와 일반 사회조사를 활용하였다(Putnam 1993; Putnam 1995). 최영종은 한국과 일본의 경제관련 단체의 수를 비교하여 일본이 한국보다 상대적으로 사회적 자본이 풍부함을 증명했다(최영종 2002).
76) 거시적 수준의 측정은 조직의 작동에 대한 제도적 내용을 언급한 것으로 올슨(Mancur Olson)과 노스(Douglass North)가 대표적이다. 거시적 수준의 측정은 법의 통치, 법률제도, 정치권력, 지방자치의 수준, 정책결정의 참여도 등을 포함하는 방식이다.

으로 구분하고 대부분의 연구자들이 일부분적인 접근에 치우치고 있다고 비판한다. 그리고 대안으로 측정과정에서 간과되고 있었던 집단의 특성과 문화적 차이를 조사하고 이를 기반으로 성원 간의 대면조사, 모니터링(monitoring), 통계자료를 활용한 다각적이고 통합적인 접근법을 제시했다.[78)]

이상의 공동체에 관한 사회적 자본 연구를 종합하면, "사회적 자본은 호혜성에 바탕을 둔 신뢰, 규범 또는 네트워크로 구성된 협력적 행위를 촉진시켜 사회적 효율성(efficiency)을 향상시킬 수 있는 조직의 속성을 총칭하는 것"으로 요약할 수 있다. 사회적 자본은 공동체의 발전을 가져오며 세부적으로 첫째 민주주의의 훈련장이자, 둘째 자발적 참여를 촉진하고, 셋째 공적이익의 협력을 가능케 하고, 넷째 사회·정치적 참여의 확대 등을 보장할 수 있다.

---

77) 미시적 수준의 측정은 수평적 조직과 사회적 네트워크가 사회발전을 유도할 것이라는 잠재적인 공헌을 의미한다. 이 미시적 수준의 접근방법은 인지적(cognitive) 형태와 구조적(structural)형태가 있다. 인지적 사회적 자본은 가치, 믿음, 태도, 호혜성 등으로 정의할 수 있고 구조적 사회적 자본은 집합적, 투명한 의사결정 과정 등을 통한 수평적 조직의 확산과 네트워크를 통해서 측정할 수 있다.

78) 그런 의미에서 세계은행(World Bank)의 사회적 자본 측정을 위한 통합설문지(Integrated Questionnaire for the Measurement of Social Capital)는 많은 시사점을 주고 있다. 세계은행은 보고서에서 과거 공동체의 사회적 자본 측정연구의 성과를 집대성해 놓았다. 세계은행 통합설문지는 수년간의 세계 각 지역(탄자니아, 볼리비아, 인도네시아, 가나, 우간다 등)의 사회적 자본의 필드 서베이(field survey) 경험을 바탕으로 필요한 항목을 체계적으로 구분해 놓은 설문양식으로 인정받고 있다.

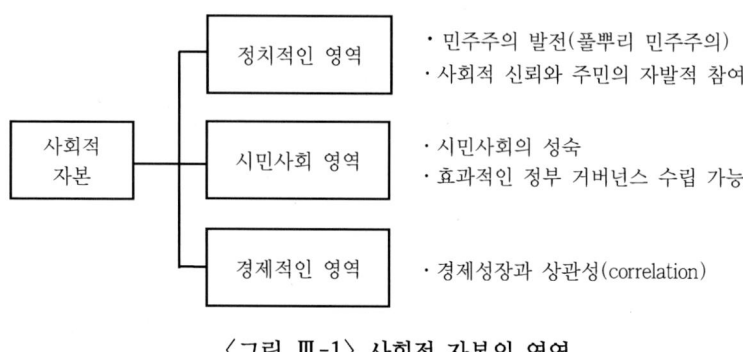

〈그림 Ⅲ-1〉 사회적 자본의 영역

　아울러 자발적인 참여에 의한 공동체 형성과 사회적 자본은 파편화(balkanization)되고 원자화된 개인들이 정치·사회적 무관심과 무임승차(free-riding)의 문제를 극복하고 협력과 참여를 통하여 시민사회의 성숙과 풀뿌리 민주주의를 가능하게 한다. 또 장기적으로 사회적 자본의 축적되면 민주주의의 이행(transition)과 공고화(consolidation), 경제발전에 영향을 주며 사회 전체적인 발전적 전망을 가능하게 하는 것이라고 할 수 있다.

제4절 사이버 공동체와 민주주의

　최근 사이버 공동체의 사회적 역할 특히 민주주의와 정치참여에 어떤 영향을 미치는가와 관련된 시각은 첨예한 대립을 보이고 있다. 대체적으로 연구자들의 사이버 공동체에 대한 관점에 따라 크게 낙관론(樂觀論)과 비관론(悲觀論)으로 구분된다. 이는 비단 정치학뿐만 아니라 사회학적인 연구주제이기도 하다. 정보사회에서 형성된 가상공간과 사이버 공동체에서는 구성원들 간의 관계 확장, 시공간을 초월하는 대

화공간의 확대, 가상공간에서 가상자아의 정체성 등을 강조하는 긍정
적인 입장이 있는 반면에 프라이버시 침해, 언어폭력, 음란물 범람, 상
업주의적 사이트 증가 등 부정적인 입장이 공존하는 '양날 효과' 현상
이 나타나고 있다. 이에 한편으로는 정보사회의 긍정적인 측면을 최대
한 활용할 수 있는 전향적인 인식의 틀을 필요로 하며, 또 한편으로
정보사회의 부정적인 측면을 사전에 대비하지 않으면 인류적 재앙이
초래될 수도 있다는 근본적인 인식 전환의 필요성이 제기되고 있다.[79]

1. 낙관적 전망

사이버 공동체와 민주주의 또는 정치참여에 대한 낙관론은 사실 정보
기술의 민주적 가능성(democratic potential)을 크게 보고 있는 시각이
다. 정보화와 민주주의의 관계에서 낙관론과 비관론으로 대변되듯이 사
이버 공동체의 민주주의적 전망에 대한 논의도 이와 무관치 않다. 긍정
적인 입장은 사이버 공동체 내에서 정보의 생산, 유통, 소비와 관련된
거래비용 감소와 더불어 참여비용 감소, 그리고 숙의(deliberation)의 가
능성 증대 등을 통해 일상정치의 복원과 대표의 위기에 처해 있는 대의
민주주의의 한계를 극복할 수 있는 대안으로 제시되고 있다.[80]
사이버 공동체의 민주주의적 낙관론자들은 사이버 공동체의 발전은
산업화의 과정에서 침체되고 퇴보하고 있는 오프라인 공동체의 대안으
로서의 가능성을 확인해 주었다고 기대감을 숨기지 않고 있다. 이러한

---

79) 윤건영·김항인. "정보화 시대에 신뢰함양을 위한 도덕교육", 서울대학교
   국민윤리교육과. 『지구촌 시대의 신뢰회복과 신뢰구축』(서울: 서울대학교
   국민윤리교육과, 2001), p.114.
80) 유석진. "정보화와 21세기 한국정치", 세종연구소 편. 『국가전략』 6권 2
   호.(서울: 세종연구소, 2000); 김용철·윤성이. 『전자 민주주의』(서울: 오
   름, 2005).

견해는 대부분 기존 대의 민주주의의 문제점인 참여의 부족을 해결할 수 있는 대안으로 사이버 공동체의 역동성(dynamism)에 주목했다. 라인골드(Howard Rheingold)는 사이버 공동체의 확산으로 인간의 이기적인 속성에서 비롯되는 무임승차나 죄수의 딜레마(the prisoner's dilemma) 등을 해결할 수 있는 협력의 가능성을 제시하며, 참여의 증대를 가져올 것이라고 주장한다. 그는 정보통신의 발전이 시민들의 정치참여를 더욱 확산시킬 것이고 유용한 도구로 활용될 것이라고 단언했다. 그 예로 필리핀에서 벌어진 문자메시지(SMS)를 이용한 영리한 군중(smart mobs)의 민주화 시위와 시애틀에서의 반(反)세계화(anti-globalization) 시위는 그 단면을 보여 주는 것이라고 했다.[81]

조일수도 사이버공간에서의 토론을 통한 민주주의의 발전 가능성을 긍정적으로 연구했다. 그는 사이버 공동체 이용자들이 정보를 수집·유포하고 토론주제를 제기할 수 있으며(agenda setting), 다양한 측면에서 의제를 만들고(agenda building), 공론화할 수 있는 장으로서 기능할 수 있다고 제시했다.[82]

윤영민은 사이버 공동체가 민주적·참여적 공론장의 기능을 수행함으로써 기존에 소외되었거나 시·공간적인 제약요인으로 참여하지 못했던 시민들의 적극적인 참여가 가능하다고 분석했다. 그는 쌍방향성과 개방성을 특징으로 하는 사이버 공동체의 특징으로 참여와 민주주의를 촉진한다고 보았던 것이다.[83]

김성국 역시 사이버 공동체를 새로운 해방의 공간으로 인식하면서

---

81) 이러한 영리한 군중(smart mobs)의 사례는 발전하는 정보통신기술을 적극적으로 이용해 현실영역에서의 변혁을 이끌었던 사례이다. 한국에서도 이미 오래전부터 사이버스페이스 내에서는 이슈설정과 토론, 그리고 반론에 이르는 형태의 공론장이 형성되는 흐름이 곳곳에서 감지되고 있다. 보다 자세한 내용은 하워드 라인골드 지음·이운경 옮김. 『참여군중』(서울: 황금가지 펴냄, 2003) 참조.
82) 조일수.(2002). p.52 참조.
83) 윤영민. 『사이버공간의 정치』(서울: 한양대학교 출판부, 2000).

각양각색의 취향과 주제를 가진 사람들이 서로 함께 모인 민주적 공론장(democratic public sphere)과 유사하다고 했다. 그래서 그는 사이버 공동체를 각각의 취향과 주제를 가진 사람들이 만나서 자유롭게 토론하던 19세기 프랑스의 카페나 찻집에 비유하기도 했다.[84]

또 민경배도 사이버스페이스에서의 사회운동의 가능성을 지적하고 이는 아렌트(Arendt)와 하버마스(Habermas)의 공론장 기능을 가지고 있어 집단 간의 의사소통이나 상호작용을 증대시켜 현대사회가 안고 있는 문제점을 해소하고 시민사회의 발달과 민주주의의 진전에 기여할 것으로 보았다.[85]

실증적인 계량분석의 결과도 이를 뒷받침하고 있다. 퀜하세와 웰만(Anabel Quan-Haase & Barry Wellman)은 온라인에서의 공동체 활동이 현실에서의 시민참여, 네트워크 형성, 자발적 참여를 보완해주는 특징을 가지고 있는 것을 증명했다.[86] 곽노진과 홀버트(Kwak & Holbert)는 미국에서 인터넷을 비롯한 미디어 이용과 공동체 활동의 참여, 상대방에 대한 신뢰, 생활에서의 만족감 등 3가지 요소에 대한 실증연구를 했다. 주요한 통제변수로는 연령, 성, 교육수준, 가계소득, 인종, 거주지 인구밀도 등을 사용했는데 그 결과, 정보 이용을 위한 인터넷의 사용은 공동체의 참여와 사회적 자본의 요소에 양(+)적인 상관관계가 있는 것으로 나타났다.[87]

---

84) 김성국. "사이버 공동체 형성의 과제: 자유해방주의적(Liberterian) 관점에서", 한국사회이론학회. 『사회이론』(봄/여름호)(서울: 한국사회이론학회, 2000), pp.30-42 참조.
85) 민경배. "정보사회에서의 온라인 사회운동에 대한 연구 - 한국의 사례를 중심으로", 고려대학교 대학원 사회학과 박사학위논문.(서울: 2002), p.35 참조.
86) Anabel Quan-Haase and Barry Wellman. "Capitalizing On the Net", Barry Wellman and Caroline Haythornthwaite eds. *The Internet in Everyday Life.*(Blackwell Publishing Company, 2002), pp.291-320 참조.
87) Nojin Kwak & Holbert. "Connecting and Disconnecting With Civic Life: Patterns of Internet Use and the Production of Social Capital."(World Bank, 2001), http://poverty.worldbank.org/library/view/14474/(검색일:

　결국 낙관적인 전망은 사이버 공동체의 형성으로 인해 시민들의 많은 정치참여를 가져올 것이며 정치토론의 활성화, 대중참여의 확대를 가져올 것을 이야기하고 있다. 이런 전망은 결국 전자 민주주의에 대한 낙관적인 전망으로 인터넷을 이용한 새로운 조정과 협력의 가능성으로서 e-거버넌스(e-governance)의 발전까지 가능한 것으로 본다.

2. 비관적 전망

　사이버 공동체와 민주주의에 대한 낙관적인 시각과는 달리 다른 한편에서는 오히려 정치참여를 제한하고 개인주의(individualism)를 촉진하고 공동체적인 질서를 약화시켜 사회의 파편화(fragmentation)와 오도된 방향으로의 나아갈 것이란 부정적인 시각도 있다. 그들의 관점에서 순수 공동체는 사람들이 공통의 경험과 필요, 기대를 공유하는 물리적 공간을 함께 점유하여, 집합적으로 정체성과 이익을 공유하며 문제해결을 하는 것을 의미한다. 그런데 사이버 공동체는 면대면 커뮤니케이션(face-to-face communication)과 커넥션(connection)을 형성할 수 없기 때문에 정치참여를 제한한다는 것이다.[88]

　최근 사이버 공동체의 확산과 함께 빈번하게 발생하는 사이버 공동체의 범죄와 문제점은 이 같은 주장에 설득력을 더해주고 있다. 비관적 전망은 공통적으로 사이버 공동체가 지리적 근접성이나 혈연, 현실 세계적 기반이 없는 형태이기 때문에 느슨한 관계이고, 그러다 보면 관계의 지속성에 어려움을 겪을 것으로 분석하고 있다. 심각한 경우

　2003년 8월 13일).

88) Steve Davis, Larry Elin, and Grant Reeher. *Click on Democracy: The Internet's Power to Change Political Apathy into Civic Action.*(Westview, 2002); 김용철·윤성이.(2005); 이원태.(2004).

사회적 접촉의 가능성을 줄임으로써 기존 공동체적 질서의 파편화 (balkanization)를 가져올 수도 있다고 경고하고 나아가 사이버 공동체는 개인화와 정보격차(digital divide)로 인해 기존에 위협받고 있는 현실공동체를 붕괴시키기까지 할 수도 있을 것이라 비판한다.

데이비드 홈즈(David Holmes)는 사이버 공동체가 개인의 참여를 보장해서 공동체적 질서를 강화하는 것이 아니라 개인을 더욱더 원자화·개인화 시킬 것이고 사회적 연대성(social solidarity)을 약화시킬 것이라고 비판했다. 결국 사이버 공동체라는 것은 소비자들에게 상실된 공동체를 판매하는 새로운 상품화 전략에 지나지 않는다고 보았다.[89]

티클(Turkle)은 사이버 공동체의 형성을 '자신의 방안에 홀로 앉아 네트워크화된 컴퓨터 앞에서 타이핑하고 가상의 친구들로 자신들의 삶을 채워나가는 것이 공동체를 복원하는 방법인가'라며 의문을 표시했다. 존스톤(Johnstone) 역시 가상공동체는 전통적인 공동체의 요건을 갖추고 있지 못할 뿐 아니라 현대사회 공동체의 공백을 채워 주지도 못 한다고 비판했다. 맥클레인(McClellan)도 사이버 공동체가 진정한 사회적 연대의 외형만 갖춘 의사공동체(pseudo-community)에 불과하다고 했다. "온라인 공동체는 문제가 많은 공적 영역에 대한 대체를 제공하는 것이라기보다는 실제로는 공적 영역의 쇠퇴를 촉진시키고 있다. 온라인 문화는 사이버공간에 전념하고 현실 세계로부터 도피하는 '마우스 포테이토'를 만들어낸다"고 주장한다.[90]

펀백과 톰슨(Jan Furnback & Brad Thompson)은 사이버 공동체가

---

89) David Holmes. "Virtual Identity: Communication of Broadcast, Communities of Interactivity", David Holmes eds., *Virtual Politics: Identity and Community in Cyberspace.*(Sage Publications 1997), pp.26-45.

90) Margaret L. McLaughlin, Kerry K. Osborne, and Christine B. Smith. "Standards of Condunt on Usenet", In Steven G. Jones eds., *CyberSociety: Computer-Mediated Communication and Community.*(Thousand Oaks, CA: Sage, 1995), pp.90-111; 도준호 외.(2000). 참조.

공적인 것(the public)과 사적인 것(the private)으로 구분되는 것은 최
근의 사회적 경향을 반영하는 것으로 사이버 공동체는 구성원들이 쉽
게 들어오거나 떠날 수 있기 때문에 전통적인 공동체보다 더 불안전하
고 따라서 공적 영역의 파편화 기능을 가속화시킬 수 있다는 것이다.
그래서 그들은 사이버 공동체를 공동체라기보다는 개인적인 선(good)
을 추구하기 위해 모인 '자기 추구적 개인의 집합체(collectives)'에 불
과하다고 본다.[91]

　윤성이도 허쉬만(Albert O. Hirschman)의 이론을 적용해 사이버 공
동체는 가입과 항의, 탈퇴가 자유로운 공간으로서 자신의 마음에 들지
않으면 목소리(voice)를 내서 토론을 하기보다는 탈퇴(exit)해 버리는
경향이 강하기 때문에 이는 민주주의의 토론과 심의(deliberation)과정
을 없앨 수 있다고 보았다. 그리고 이는 장기적으로 개인의 관심사와
자신에게만 맞는 이슈에만 관심을 가지게 된다고 비판했다.[92]

　피터 르바인(Peter Levine)은 서로 다른 입장을 가진 사람들로 구성
된 집단에서는 숙고를 통해 입장의 타협점을 찾아내고 때로는 합의에
이르기도 하나 이념적으로 유사한 사람들의 집단은 숙고의 과정을 거
치며 자신들의 이념을 더욱 극단적 방향으로 발전시키는 경향을 보인
다고 보았다. 인터넷을 통해 시민들은 자신과 비슷한 생각을 가진 토
론의 상대자들을 쉽게 찾을 수 있음으로 인해 다른 생각을 가진 사람
들로부터 스스로 고립시키는 '동조자들의 섬'을 만들게 된다. 이러한
집단들은 사회 공공문제를 논의하는 데 있어서 타협이나 타인의 견해
에 대한 존중을 배우지 못한 채 오직 자신들의 굳건한 주장만을 갖게

91) Jan Fernback and Brad Thompson, "Virtual Communities: Abort, Retry,
　　Failrue?"(1995).
92) Albert O. Hirschman, 1970. *Exit, Voice and Loyalty: Responses to Decline
　　in Firms, Organizations and States.*(Cambridge, MA: Harvard University
　　Press, 1970); 윤성이, "정보사회의 명암과 시민사회의 역할", 한국정치학회,
　　한국사회학회 공동학술회의 발표문.(2001), pp.14-15에서 재인용.

되기 쉽다고 보았다.93)

이 같은 사이버 공동체와 정치참여와의 관련성을 비관적으로 보는 시각은 현실에서 나타나는 공동체가 겪고 있는 딜레마(dilemma)의 문제와 밀접하게 관련되어 있다. 로버트 퍼트남(Robert Putnam)은 2000년에 발표한 *Bowling Alone*에서 현대사회 공동체의 해체를 사회적 자본(social capital)의 감소로 설명하고 이로 인해 민주주의의 기반이 붕괴되고 있다고 설명했다. 그에 따르면 기술적 경향은 여가활용을 급속하게 개인화시켜서 사회적 자본이 형성될 수 있는 기회를 차단한다고 보고, 정보화도 공동체의 와해를 가져와서 사회적 자본의 감소와 정치적 참여의 퇴보를 가져온다고 주장한다. 아울러 정보격차(digital divide)의 존재로 인해 정보화가 사회적으로 수평적인 네트워크 형성에 오히려 어려움을 유발해 참여보다는 고립화를 가속화시킬 것이라고 경고했다.94)

또 2000년 미국의 대선과정을 분석한 마골리스, 레스닉과 레비(Michael Margolis, David Resnick and Jonathan Levy)는 사이버공간을 통한 정보제공이나 사이버 공동체 활동이 정당의 보조적인 커뮤니케이션 능력은 강화되지만 실제로는 아직 오프라인 선거운동에는 미치지 못한다고 분석했다. 이들은 연구에서 사이버 공동체의 활동이 곧바로 정치참여로 이어지는 것이 아니라 애초부터 정치에 관심 있는 사람들이 새로운 참여형태로서 온라인 활동을 하는 것으로 해석했다.95)

93) Peter Levine. "The Internet and Civil Society", *Philosophy and Public Policy.* Vol. 20, No.4.(2000); 윤성이.(2001), p.12에서 재인용.
94) Steve Davis, Larry Elin, and Grant Reeher.(2002), pp.12-13.
95) Michael Margolis, David Resnick and Jonathan Levy. "Major parties dominate, minor parties struggle: US elections and the Internet", Rachel Gibson & Paul Nixon(eds). 2003. *Political Parties and the Internet: Net gain?*(London: Routledge, 2003).

3. 문제점과 대안 모색

사이버 공동체의 민주주의에의 영향을 보는 두 가지 시각은 결국 몇 가지 문제점을 가지고 있다. 낙관론은 크게 3가지 점에서 비판을 받고 있다. 첫째, 사이버 공동체의 정치참여에 대한 과도한 낙관적인 전망을 세움으로 인해 사이버 공동체의 우월성을 강조한다는 비판을 받고 있다. 둘째, 앞서 비판과 연관된 것으로 지나친 낙관적인 전망으로 사이버 공동체가 가지는 부정적인 문제점에 대한 해결책을 모색하기보다는 이를 미세한 것으로 간과해 버리는 2차적인 오류를 범하고 있다. 셋째는 기존의 방식과는 달리 접근하기 쉬운 사이버 공동체를 통한 과도한 참여의 확대가 오히려 '디지털 포퓰리즘(digital populism)'으로 편향될 수도 있다는 비판이 존재한다.

비관론 또한 문제가 없는 것은 아니다. 사이버 공동체에 대한 비관적인 전망을 주장하는 학자들은 오히려 현재의 사이버 공동체의 현상에 매몰된 나머지, 그 발전 가능성을 너무 폄하하고 있다. 사이버 공동체 내에서의 토론부재, 참여의 비적극성, 개인의 파편화, 익명성의 문제, 스팸메일(spam mail), 정보격차로 인한 세대 단절 등은 사이버 공동체가 가지고 있는 문제점으로 지적했고 실제 그런 일들은 발생한다. 그렇지만 이런 문제점에도 불구하고 사이버 공동체가 내포하고 있는 일정한 긍정성마저 한꺼번에 매도해 버릴 수는 없을 것이다. 또한 인간의 능동적인 실천을 중시하지 않고 기술이 인간의 발전을 결정한다는 기술 결정론(technology determinism)적인 입장에 빠질 가능성이 크다는 점에서 비판을 받고 있다.

엄밀히 보면 비관론이 사이버 공동체의 민주적 기능에 대한 문제점만 나열하지는 않는다. 비관적인 시각에 서 있는 연구자들도 운영과정에서의 문제점을 직시하고 그 운용과 적용에 있어 신중을 기해야 한다는 입장도 있다. 그런 의미에서 이들의 비관론적 주장도 다만 현실의 문제점이 크다는 것을 강조한 것이라 하겠다. 그렇지만 결국 이 같은 비판론은 사이버 공동체의 발전과정을 연속적으로 보지 못하고 있다는 한계를 벗어나지는 못하고 있다.

그래서 등장한 것이 양자 간의 입장에 대한 결론을 내리지 않는 유보적인 논의가 있다. 기술(technology)이란 것은 아직 대중의 정치적 참여를 증대시킬 것이란 경험적인 증거는 없고, 실제로 그 영향은 미미하다는 것이 이들의 논지이다. 대표적으로 노리스(Norris), 빔버(Bimber), 윌리암스(Williams) 등의 학자들은 인터넷의 잠재력과 정보화의 진전에도 불구하고 정치적으로 무관심한 다수의 대중들이 인터넷으로 변화될 것으로 믿지 않는다고 분석한다. 현실적으로 사회에서 정보화의 확산은 제한적이고, 기존의 정치적 관심 계층에게만 유용할 것이란 입장이다.96)

사이버 공동체와 정치참여 간의 관계는 이처럼 다중적인 해석을 제공한다. 그러나 최근 양자 간의 관계에 대한 연구는 사이버 공동체의 낙관론과 비관론이란 이분법을 뛰어넘는 새로운 해석의 필요성이 제기되고 있다. 대표적으로 낙관론과 비관론적인 시각에서 한발 더 발전한 형태로 구성주의적 접근(constructive approach)이 바로 그것이다. 사회적 구성론은 기술 자체가 내재적 요인에 의해 자동적으로 사회에 개입하여 어떤 모습을 형성하는 것이 아니라, 기술의 발전과 사용의 모든 과정이 인간을 둘러싼 정치·경제적 환경, 인간의 주체적 선택의 결과로 나타나게 된다는 입장이다.97)

사회적 구성론은 기술을 자체의 '내적 논리'에 의해 주어진 것으로 보는 기술 결정론을 거부하고, 기술창출과 그 사용을 둘러싼 조건들에 따라 구성되는 사회적 산물의 하나로 간주한다. 즉 새로운 기술을 창

---

96) 황용석.(2001).
97) 조진호.(2002) 참조.

출하고 사용하는 모든 단계에서 다양한 기술적 옵션들이 이용가능한데 이는 보다 광범위한 사회·정치·경제·문화적 요인들에 의해 좌우된다는 것이다.[98] 즉 사이버 공동체는 고유한 문화적 구성방식을 가지고 있다. 가상공동체는 하나의 사물(thing)일 뿐만 아니라 과정(process)이기도 하다. 그것은 그 주민들에 의해 규정되며, 그 경계와 의미는 다시 절충되며, 비록 가상 공동체가 물리적 공동체와 같은 본질적 특성들을 많이 갖고 있다고 하더라도, 그것은 구성원들 사이의 공통의 경험과 공통의 의미를 가능케 하는 '실체'를 갖고 있다.[99] 구성주의적 접근은 오프라인 공간과의 유기적 관련 속에서 가상의 사이버 공동체에 대한 사회 문화적 영향을 분석한다는 점에서 그리고 사이버 공동체를 해당 구성원들의 자발적인 참여에 의해 상징적인 의미 공동체로 파악한다는 점에서 사회·문화적 접근의 한 형태라고 해석할 수 있다.

그러나 구성주의적인 접근도 근본적인 문제점은 있는데 그것은 사회적 구조 결정론에 빠져버릴 수도 있다는 점이다. 사회적 구조 결정론으로 인해 사이버 공동체에서의 역동적인 활동이 간과되고, 오로지 현실 사회·문화적인 해석은 결국 시야를 좁게 할 수도 있다. 사이버 공동체가 발전되면서 나름대로의 운동법칙이 확인되고 있기 때문에 구조 결정론은 자칫 사이버 공동체가 가지고 있는 내적 역동성이나 자기발전의 운동과정을 현재의 한 단면의 수준으로 한정시킬 가능성이 있다. 이는 결국 미래의 발전 가능성에 대해 상대적으로 낮은 평가를 할 수밖에 없다.

사이버 공동체와 민주주의, 정치참여와의 관계에 대한 논의는 낙관론에서 비관론, 유보론, 구성주의적 시각까지 많은 스펙트럼(spectrum)

---

98) 김환석. "정보 기술과 정보 사회를 어떤 관점에서 볼 것인가", 크리스챤 아카데미 시민사회 정보포럼 편 『시민이 열어가는 지식정보사회』(서울: 대화출판사, 1999), p.72 참조.
99) 잰 펀백(Jan Fernback). "그곳에 그곳이 있다: 사이버 공동체의 개념화를 위한 소고", Steve Jones(ed).(1999), pp.120-148 참조.

으로 나타난다. 그렇지만 논의의 전개과정을 지켜보면 이들의 문제 지적들은 모두 동일한 현상을 보고 유추해낸 것이라는 측면에서 사이버 공동체의 내적 역동성과 활동성에 대한 현실인식과 발전 가능성에 대한 보다 정밀한 분석이 필요할 것이다.

결국 사이버 공동체를 통한 정치참여의 확대 가능성이라는 주제는 사이버 공동체의 '공동체적인 속성'과 '개인주의적인 속성'을 어떻게 세분하고 이를 활용해야 할 것인가의 문제로 좁혀질 수 있다. 사이버 공동체의 발전은 기술 결정론적 시각이 아닐지라도 급속하게 진행되고 있는 것은 사실이며, 확산은 거스를 수 없는 것이 되어버렸다. 따라서 문제의 핵심은 진행되는 사이버 공동체의 확산을 긍정적인 방향으로 이끌기 위해서 어떤 노력을 할 것인지에 집중하는 것이 보다 생산적인 논의가 될 것이다. 따라서 그동안의 사이버 공동체의 정치참여와 관련된 논의가 사이버 공동체의 속성을 골자로 하는 연구에 한정되었다면, 이제는 한 걸음 나아가 사이버 공동체의 확산과 발전가능성을 염두에 두고 정치참여를 확대시키기 위해서는 어떤 형태의 운영과 발전이 필요한지에 대한 분석이 시급하다.

이에 연구자는 사이버 공동체와 민주주의와의 관계를 구성주의적 입장에서 하나의 발전 가능한 과정(process)으로 파악하는 것이 올바르다고 사료된다. 사이버 공동체로 인한 정치참여의 확산가능성을 중심으로 구성주의적 시각의 단점인 사회의 역동적인 활동을 접목시켜, 이것을 과정으로 인식하면서, 해결해야 할 과제로서 사이버 공동체와 민주주의의 관계를 보아야 한다는 것이다. 엄밀히 정의하면 낙관적 구성주의 시각이라고 할 수 있다. 낙관적 구성론은 분석의 틀로서는 구성주의적인 시각이지만 발전 가능성으로서의 낙관론을 중심으로 분석한다는 측면에서 낙관론에 가깝다고 하겠다.

이런 낙관적 구성주의는 지난 2000년 미국의 대통령선거 과정에 대한 실증연구를 실시한 데이비스와 엘린, 리허(Steve Davis, Larry Elin and Grant Reeher)의 연구에서 잘 나타난다. 그들은 최초의 가설 (hypothesis)과는 달리 인터넷을 이용한 시민참여의 선거운동 방법과 사이버 공동체의 역할이 대통령 선거과정에서 그리 크지 않았음을 발견했다. 그러나 이들은 발전과정을 중시했고 1996년 선거와 비교해 보았다. 그 결과 2000년 선거는 이전과 달리 놀랄 만한 진보를 이루었으며 이것은 향후 새로운 정치참여의 가능성을 확인해 주기에 충분했다는 결론이 유도되었다. 특히 자발적인 참여자들로 형성된 사이버 공동체의 역동성은 사회의 문화적, 제도적 변화가 동반되는 것이며, 다음 선거에서는 더욱 영향력이 증대될 것이라고 보았다. 결국 이들의 해석은 현재의 단면만을 보는 것이 아니라 과거와의 연계성 속에서 향후의 적용가능성을 본 것이다.[100]

정보통신의 발전으로 등장한 사이버 공동체는 이 같은 맥락에서 풀이된다면, 결국 지금까지의 한계점을 어떻게 극복해야 할 것인가를 중심적으로 고찰해 보아야 할 것이다. 그 노력 여하에 따라서 사이버 공동체의 민주적 잠재력과 정치참여는 더욱 확대될 가능성이 크다고 하겠다. 그렇다면 과연 사이버 공동체가 전통적인 형태와는 다른 새로운 공동체로서 기능하며 자발적인 참여를 가져올 것인가? 그리고 이것이 확대되어 구성원의 민주적 소양을 강화시켜 공동체 내부 또는 현실 오프라인 공간에까지 사회정치참여를 확대시킬 것인가? 이에 대해서 다음 장에서 보다 구체적으로 분석해 보자.

---

100) Steve Davis, Larry Elin, and Grant Reeher.(2002). 참조.

Ⅳ. 계량연구: 사이버 공동체의 사회적 자본과 정치참여

이 장에서는 실증적인 분석으로 한국에서 활동하고 있는 사이버 공동체들의 특성과 참여집단의 정치참여적 행태를 계량적으로 분석할 것이다. 사이버 공동체가 가지고 있는 특성과 사회·정치적 참여에 대한 양적 분석을 통해서는 질적인 접근법이 확인하지 못하는 지표를 계량화하여 분석하고자 했다.

연구 설문지는 세계은행(World Bank)의 사회적 자본 측정을 위한 통합설문지(Integrated Questionnaire for the Measurement of Social Capital)를 기본 골격으로 하여 작성되었다. 그리고 장용호의 사이버 공동체 조사, 호주 통계국(Australian Bureau of Statics)의 사회적 자본 측정연구, 여론조사 전문기관인 코리아리서치센터의 정치조사도 반영했다. 세부적으로는 연구대상의 특성을 분석하기 위해서 사회적 자본의 구성요소인 신뢰(trust), 규범(norms), 네트워크(network), 정치참여(political participation)라는 각각의 변수(variable)를 측정할 수 있는 항목을 반영했다.[101] 이를 바탕으로 연구자는 사이버 공동체 참여자라는 연구대상 범위에 적합한 문항으로 재구성, 설계하는 방식을 취했다. 사용한 설문지의 항목은 리커드(Likert) 5점 척도(강한 긍정, 긍정, 보통,

---

101) 본 설문 설계를 위해 참조한 선행연구는 다음과 같다. ① World Bank, "Integrated Questionnaire for the Measurement of Social Capital(SC-IQ)", Social Capital Thematic Group.(World Bank, 2003) ② 장용호. 『사이버공동체 형성의 역동적 모형』(서울: 집문당, 2002) ③ Australian Bureau of Statics, *Measuring Social Capital-Discussion Summary and Next Steps.*(Discussion paper, 2002). ④ 코리아리서치센터. "국민대통합 여론조사."(코리아리서치센터, 2003).

74

부정, 강한 부정)로 측정하였으며, 세부적인 구성은 크게 6가지 영역으
로 구분했다.

첫 번째 영역은 신뢰 및 연대감이라는 변수를 측정하기 위한 문항,
두 번째 영역은 사이버 공동체의 규범이나 규칙형성과 관련된 문항,
세 번째 영역은 공동체 조직 내부의 특성을 확인하기 위한 문항으로
구분하였다. 그리고 네 번째 영역은 정치참여 지표를 측정하기 위해
설계하였고 다섯 번째와 여섯 번째 영역은 통제변수(control variable)
로 활용될 사이버 공동체에 대한 일반 조사와 설문조사에서 필요한 인
구 통계학적인 질문으로 구성했다.102)

문항설계 과정은 설문지를 완성한 후 2003년 6월 15일~30일까지 파
일럿 스터디(pilot study)를 실시했다. 이후 설문의 문항 간 관련성과
타당성(validity)을 보완하기 위해 1차 수정했고, 이를 검증하기 위한
방법으로 2003년 8월 13일 전문가 세미나에서 세부 문항토론을 통해
오류를 최소화했다. 이상 2차례의 설문 구성 검증과정을 거쳐 설문문
항 간의 변별력을 향상시키고자 했다.

마지막으로 완성된 설문내용으로 2003년 10월 20일부터 11월 7일까
지 사이버 공동체에서 활동하는 네티즌을 대상으로 임의추출방식으로
설문조사를 실시하였다. 설문지 자료분석은 사회과학 통계패키지 프로
그램인 SPSS 10.0(Statistical Package for the Social Science version
10.0)을 이용하여 분석하였다.

연구 내용별로는 다음과 같은 통계방법을 이용했다. (1) 교차분석을
통해서 사이버 공동체의 분류와 규모에 따른 정치참여적인 경향을 확
인하였다. (2) 각 측정변수의 타당성(validity) 검사와 변수의 축소
(reduction)를 위하여 요인분석을 실시하였으며, 요인분석방법은 주성
분분석(principle component analysis)방법으로 실시하였고, 요인의 회

---

102) 본 연구를 위해 설문 설계 및 검증과정에서 많은 도움을 주신 〈정보사회
정치연구회〉 회원들에게 감사드린다.

전은 직교회전의 하나인 배리맥스(varimax) 회전으로 실시하였다. (3)
검사 도구와 요인분석 결과로 나타난 변수의 내적 일관성 검사를 위하
여 신뢰도 분석을 실시하였으며, 신뢰도 분석은 크론바하 알파계수
(Cronbach's Alpha) 값을 사용하였다. (4) 다중회귀분석 시 독립변수
간의 상관관계(공선성)를 검증하기 위하여 공차한계(Tolerance)와 분
산팽창요인(VIF)을 확인했다. (5) 마지막으로 가설의 검정을 위하여
인과관계를 규명하기 위한 다중회귀분석을 실시하였다. 회귀분석 시,
잔차 간의 독립성(자기상관)을 검증하기 위하여 Durbin-Watson 통계
량을 사용하였다.

　본 연구에서 요인분석을 실시하는 이유는 통계적으로 설문의 문항이
많은 경우 모든 변수들을 이용하여 회귀분석을 하면 변수의 수가 너무
많아서 비효율적일 뿐만 아니라 변수 사이의 상관관계로 말미암아 다중
공선성(multicollinearity)의 문제가 발생한다. 따라서 회귀분석을 용이하
게 하기 위하여 여러 개의 변수들을 소수의 동질적인 요인으로 축소시
켜 각각의 요인들이 독립적이 되게 하는 요인분석을 한 이후에 회귀분
석을 실시한다. 이를 절약성의 원리(principle of parsimony)라고 한다.
또한 요인분석 결과는 변수들 간의 타당성(validity)을 검증하는 지표로
활용되어 이를 회귀분석을 실행하면 분석이 용이할 뿐만 아니라 모든
변수를 사용하여 회귀분석을 실시하는 것보다 더욱 의미가 있게 된다.
그리고 요인분석을 통해 추출된 요인은 무수히 많은 관찰변인들의 특성
을 가장 잘 대표하는 개념이기 때문에 현상을 단순하고 명료하게 설명
하는 효율성을 갖는다. 이에 본 연구에서는 회귀분석을 실시하기 이전에
먼저 요인분석을 통해 설명력이 높은 요인들을 추출한 후, 이들 요인들
이 동질적인 변수들로 구성되어 있는지를 신뢰성분석(reliability
analysis)을 실시해 최종적으로 독립변수들을 선정하였다.[103]

---

103) 설문지의 측정지표에 대한 이론적인 근거가 충분할 경우에는 각 변수별
　　로 분리해서 요인분석을 하는 경우도 있으나, 본 연구에서는 확인적 요인

제1절 독립변수와 종속변수

독립변수와 종속변수의 조작화는 연구에 있어 중요한 과정이다. 본
연구에서는 기존의 오프라인 현실 공동체의 사회적 자본 연구를 바탕으
로 사이버 공동체의 특성에 따라 참여자들의 사회·정치적 행태는 어떤
특성을 가지고 있는가를 규명해 보고자 했다. 구체적인 측정을 위한 지
표(indicator)로는 사회적 자본의 측정지표인 사이버 공동체 참여자들의
신뢰와 연대, 규범, 조직 구성의 네트워크를 중심으로 분석했다.

1. 신뢰(trust) 및 연대(solidarity)

먼저, 신뢰는 공동체 내에서 사회적 자본을 형성시켜 참여지향적인
인간으로 발전하게 하는 동력이다. 신뢰는 시민사회의 공동체 성원 간
의 믿음과 정직으로 내부의 연대감(solidarity)과 신용도를 확장시킨다.
또 신뢰는 장기간 상호작용을 통해 형성된 대인관계이며 구성원 간의
관계를 강화한다. 그리고 각각의 공동체에는 상대방을 신뢰하거나 따
르는 사람들이 있는 반면 그렇지 않은 경우도 있다. 따라서 공동체의
신뢰와 그 연대성의 공고함을 파악하는 것은 중요하다.

라인골드(Rheingold)가 지적한 바와 같이 사이버 공동체 구성원들은
물리적인 지위에 관계없이 연계가 가능하기 때문에 사이버 공동체 내
부의 신뢰 측정을 위해서는 공동체 성원 간의 믿음과 이용에 대한 만
족감이 공유되어야 할 것이다. 그리고 사이버 공동체로부터의 도움을

분석을 실시하기 위해 모든 문항을 동시에 분석하였다. 그 결과 타당성이
낮은 것으로 판단되는 변수들은 분석에서 제외하였다. 보다 자세한 내용
은 양병화. 『다변량 자료분석의 이해와 활용』(서울: 학지사, 1998) 참조.

받을 수 있고 그것이 안정적인 관계인지를 확인하는 것도 연대감을 확장시킬 수 있기 때문에 중요하게 측정되어야 할 것이다.

사이버 공동체에서는 정보가 주요한 구성원 간의 도움을 주고받는 것으로 간주된다. 예를 들면 필요한 정보를 자료실에 올리거나 안정적인 커뮤니케이션을 하고 이를 통해 서로 도움을 받았을 때 사이버 공동체의 내적 신뢰와 믿음, 연대감은 더욱 강화될 것이다. 그리고 공동체 구성원들이 가지게 되는 만족감과 이용성은 공동체의 신뢰구조를 형성하는 데 있어 중요한 구성요소가 된다.

본 연구에서 신뢰와 연대감을 측정하기 위한 문항은 다음 5가지이다. 응답자가 가장 적극적으로 참여하고 있는 사이버 공동체에서 (1) 사이버 공동체 이용, (2) 안정적인 커뮤니케이션 (communication), (3) 사이버 공동체로부터의 도움, (4) 회원과의 교류의 강도, (5) 사이버 공동체의 만족감을 측정했다.

2. 규범(norms) 및 규칙(rule)

규범은 보상을 기대하지 않고 서로 나누거나 교환하는 포괄적 호혜성으로 이루어진 행동양식으로 개인 간 또는 집단 간에 공유된 표현, 해석, 의미체계 등을 의미한다. 일반적으로 규범이란 인간이 사회생활을 하는 데 있어, 구속되고 준거(準據)하도록 강요되는 일정한 행동양식이다.[104] 그러나 다른 면에서 규범은 단순히 강제적인 구속만을 지니는 것은 아니고 이를 따름으로써 오히려 사회생활이 순탄하게 이루어지는 측면도 있다. 사이버상에서의 일반적인 규범은 보통 네티즌

---

104) 서진완 · 박희봉. "인터넷활용과 사회자본 – 사이버 공동체의 사회자본 형성 가능성을 중심으로", 『한국정책학회보』 제12권 1호.(서울: 한국정책학회, 2003), p.12.

78

(netizen) 또는 네트워크(network)와 에티켓(etiquette)의 조합어인 '네티켓(netiquette)'으로 불린다. 이와 동시에 면 대 면 관계에 있는 지역사회 구성원 간의 호혜성을 온라인 사이버 공동체에서도 찾아 볼 수 있다.105)

연구에서는 사이버 공동체 내에서 존재하는 네티켓 일반을 측정하는 것이 아니라 공동체별로 각각의 특성에 따라, 회원들 간에 공유해야 할 유·무형적인 규범이나 규칙이 존재하는데 이것을 측정하고자 했다. 그것이 명확한 성문법 형태로 명문화되어 있는지를 보고 규칙 준수와 관련된 제재, 공동체 내부의 다툼발생 여부에 대해서 측정했다. 이 측정을 통해서 사이버 공동체 규칙의 발전과 갈등해소 장치의 마련에 대하여 설명할 수 있을 것이다.

연구에서는 사이버 공동체 내의 (1) 명문화된 회칙의 게시, (2) 규범의 형성과 위반자에 대한 처벌과 제재 여부, (3) 내부의 언어폭력, 욕설 및 비속어, 인격침해 등 다툼발생 등으로 이를 측정했다.

3. 네트워크(network)

네트워크는 사람들, 대상, 사건 등으로 규정되는 노드(node)의 집합체이다. 이는 사회 관계구조를 파악할 수 있는 지표로 네트워크의 형태에 따라 사회적 교환의 밀도(density)를 측정할 수 있어 사회적 자본의 주요한 구성요소로 지목된다. 퍼트남은 지역사회 내 사회적 자본에 있어서 시민들의 관계망 형성에 비중을 크게 두고 있으며 수평적인 네트워크의 형성을 강조했다. 이처럼 네트워크는 개인, 집단 등 각 행위자들 간의 전반적인 연계 형태를 의미하며 누가 누구에게 접근하는

105) Howard Rheingold.(1993); 서진완·박희봉.(2003).

가 하는 관계구조이다.106)

온라인에서의 네트워크 구조는 오프라인과는 구별된다. 오프라인 네트워크가 면 대 면 대면접촉을 바탕으로 한 관계인 반면에 온라인 네트워크는 기존 네트워크의 연장선상에 있거나 공통의 이해와 관심을 바탕으로 형성된 새로운 네트워크 형태이다. 오프라인 네트워크는 지역, 종교, 혈연 등 전통적인 사회관계라는 물리적인 기반을 가지고 형성된 반면 온라인 네트워크는 시공간적인 물리적인 기반을 뛰어넘는 경계가 없고 광범위한 확산이 가능하다는 장점을 가지고 있다.

따라서 온라인 네트워크의 구조와 관련되어서는 오프라인 네트워크의 한계를 극복할 수 있는지의 여부가 측정에서 중요할 것이다. 또 온라인에서 형성된 사이버 공동체가 구성원들 간의 참여의 평등성을 보장하고, 그것이 강한 연계이건 느슨한 연계이건 간에 안정적인 관계를 형성할 수 있는지를 확인해야 할 것이다. 그리고 사이버 공동체만의 특징 중의 하나인 오프라인 모임과의 관계에 대해서 측정해 봄으로써 사이버 공동체에서의 오프라인 모임이 어떤 영향을 미치는지를 측정해야 한다.

이상의 개념적 조작화 과정을 거쳐 사이버 공동체의 네트워크를 측정하기 위한 설문은 (1) 공동체 의사결정의 민주성, (2) 사이버 공동체 내의 평등성, (3) 오프라인 모임의 중요성, (4) 회원과의 교류의 강도 등을 측정하였다.

---

106) 퍼트남은 구성원 간의 관계가 긴밀할수록 그리고 대면접촉을 통해서만이 수평적인 네트워크를 형성할 수 있다고 보았다. 보다 자세한 내용은 Robert D. Putnam.(1993), Chapter 6. Social Capital and Institutional Success 참조.

〈표 Ⅳ-1〉 독립변수의 조작적 정의

항 목	조 작 화	문항수
신뢰 및 연대감	1. 사이버 공동체의 이용성 2. 안정적인 온-오프라인 커뮤니케이션 3. 사이버 공동체로부터의 도움 여부 4. 회원과의 교류의 강도 5. 사이버 공동체에서 얻는 만족감	5문항
규범 및 규칙	1. 명문화된 회칙이나 규칙의 게시 2. 규범의 형성과 위반자에 대한 처벌과 제재 여부 3. 내부의 다툼발생	3문항
네트워크	1. 공동체 의사결정의 민주성 2. 사이버 공동체 내의 평등성 3. 오프라인 모임의 중요성 4. 회원과의 교류의 강도	4문항

4. 정치참여(political participation)

그리고 종속변수인 정치참여는 국가권력과 관계되는 투표나 정당참여 등 직접적인 정치적 행위로만 한정하는 것이 아니라 항의, 결사체나 공동체 내의 의사조정의 과정과 자신의 이익을 실현하기 위한 모든 활동을 하는 포괄적인 것으로 적용할 것이다. 개인이 사회 공동체에 참여하고 내부의 의사결정의 이해관계를 조정하는 전 과정과 이익을 실현하기 위한 활동 등을 포괄하는 것으로 규정한다.

본 연구에서 정치참여를 측정하기 위한 지표로는 먼저 현실적인 정치행위로서 선거참여, 시위나 서명 등 저항적인 운동에 직접적인 참여, 시민사회단체 참여 등을 선정했고 사이버 공동체 내의 정치행위로는 사회·정치적인 토론의 존재, 사회적인 게시물의 작성 및 내용전달로 구분하였다.

오프라인과 온라인으로 구분한 이유는 오프라인 영역과 온라인 영역
에서의 참여의 행태가 차이날 수 있기 때문이다. 아울러 사이버 공동
체 내의 정치참여적인 지표와 현실 정치참여적인 지표를 구분하여 각
각의 특성을 분석할 수 있는 장점도 있다.

본 연구에서 사이버 공동체의 정치참여를 측정하기 위한 설문은 사
이버 공동체 참여자들의 오프라인 영역에서의 (1) 선거에 참여 여부,
(2) 사회적인 이슈에 대한 항의시위, 서명 등에 참여, (3) 향후 시민단
체에 참여 가능성을 측정하였다. 아울러 사이버 공동체 참여자들의 온
라인 영역에서 (1) 사회·정치적인 주제로 공동체 내에서 토론, (2)
글쓰기, 내용전달 활동을 하는가를 측정지표로 구분했다.

〈표 Ⅳ-2〉 정치참여 측정변수

종속변수	세부변수	측 정 변 수	문항수
정치참여	오프라인 영역	1. 최근 선거참여 여부 2. 사회적인 이슈에 대한 항의시위, 서명 등에 참여 3. 시민사회단체에 참여	3문항
	온라인 영역	1. 사회·정치적인 주제로 공동체 내에서 토론 2. 글쓰기, 내용전달 및 글 나르기(펌질)	2문항

이상의 변수를 바탕으로 사이버 공동체의 민주주의와 시민사회적인
특성을 사회적 자본접근법을 활용하여 분석하기 위해 다음과 같은 가
설을 세웠다.

〈표 Ⅳ-3〉가설 설정

구 분	내 용
가설 1	·사이버 공동체의 신뢰, 규범, 네트워크 형성은 직접적인 현실 정치참여에 양(+)의 영향을 미칠 것이다.
가설 2	·사이버 공동체의 신뢰, 규범, 네트워크 형성은 공동체 내부의 참여에 양(+)의 영향을 미칠 것이다.
가설 3	·사이버 공동체의 신뢰, 규범, 네트워크 형성은 미래의 참여 가능성에 양(+)의 영향을 미칠 것이다.

제2절 요인분석과 신뢰성

정치참여에 영향을 미치는 요인들에 대한 구조를 파악하기 위해 요인분석을 실시하였다. 요인분석을 실시함에 있어 주성분분석(principle component analysis)을 사용하여 모형을 추정하였고, 다중공선성 (multicollinearity) 문제를 방지하기 위해 직각회전방식들 가운데 하나인 배리맥스(varimax)방법을 이용하여 요인을 회전시켰다. 또한 고유치 (eigenvalue)가 1.0 이상인 요인만을 추출하는 Kaiser의 기준을 적용하였다.[107]

독립변수들을 먼저 요인분석 사용이 적합하며 공통요인이 존재한다고 결론을 내릴 수 있는지를 살펴본 결과, 공통성(communalities)의 값이 적은 것이 존재하여 이를 제외했다. 일반적으로 공통성 값이 0.5 이하인 경우 분석에서 제외하는 것이 좋기 때문에 본 분석에서는 이를 제외하고 다시 요인분석을 실시했다. 분석결과를 요인으로 묶인 항목

---

107) 고유치(eigenvalue)가 1보다 큰 것은 하나의 요인이 1개 이상의 분산을 설명해 준다는 것을 의미한다.

들은 요인 적재치가 모두 0.5 이상인 것으로 나타났다.[108) 고유치 (eigen value)가 1.0 이상인 요인들은 모두 3개이며, 이들은 전체 분산의 63.228%를 설명하고 있다. 추출된 3개의 요인들에 대해 공통적인 속성을 파악한 후 각각에 대해 요인 1(F1)은 '신뢰 및 연대감', 요인 2(F2)는 '규범 및 규칙', 요인 3(F3)은 '네트워크'로 명명했다.[109)

⟨표 Ⅳ-4⟩ 설문에 대한 요인분석 결과

변 수	요 인 적 재 량			공통성	Chronbach's alpha 계수
	F1 (e=2.542)*	F2 (e=1.471)*	F3 (e=1.046)*		
안정적인 커뮤니케이션	0.782	0.132	0.140	0.649	0.7187
사이버 공동체로부터의 도움	0.766	0.062	0.122	0.606	
회원과의 교류의 강도	0.806	-0.049	0.099	0.661	
명문화된 회칙의 게시	0.068	0.789	0.049	0.628	0.6129
규범형성과 위반자에 대한 처벌과 제재	0.020	0.821	0.110	0.687	
의사결정의 민주성	0.346	0.214	0.584	0.507	0.5779
사이버 공동체 내의 수평성	0.226	0.219	0.756	0.671	

* e는 eigen value

다음으로 신뢰도를 확보하는 것이 필요조건이므로 요인 군별로 신뢰성을 구했고 크론바하 알파 계수를 각각 조사했다. 그리고 종속변수의 α계수도 0.6918로 비교적 높은 신뢰성을 가지고 있는 것으로 나타났다.

---

108) 요인회전 후의 요인행렬에서 요인에 포함된 문항들의 유의미성을 판단하는 기준을 ±0.30으로 낮게 잡을 수도 있으나, 엄격한 요인분석을 수행하는 경우 가급적 기준을 ±0.50으로 높게 만드는 것이 명확한 요인구조를 만드는 데 도움이 된다. 자세한 내용은 양병화.(1998), pp.324-327 참조.
109) 요인적재량은 일반적으로 0.4이상이면 유의한 변수로 간주하고 0.5를 넘으면 중요한 변수로 간주한다.

변수의 신뢰도가 비교적 높아 내적 일관성이 있는 요인의 척도라고 볼 수 있으므로 전체적인 연구 설문지 항목의 요인에 대한 타당도와 신뢰도가 있는 것으로 보며, 가설검정을 위한 실증분석 적용이 가능하다고 볼 수 있다.[110]

제3절 분석결과

1. 조사표본의 개요

본 연구를 위한 표본은 사이버 공동체에 가입한 모든 남녀 중에서 2002년 대선에 투표권을 가진 이들을 대상으로 임의표본추출(convenience sampling)을 활용한 패널 조사법을 적용하였다.[111] 조사방법은 설문 설계 후에 대상표본에 이메일을 발송했고 자기평가 기입식(self-administration-method) 설문지에 작성하여 집계하는 방식으로 조사되었다. 본 조사의 표본개요는 다음 〈표 Ⅳ-5〉와 같다.

---

110) 통계학적으로 측정대상이 집단수준일 경우 신뢰도 척도인 α계수가 0.6이상 이면 신뢰성이 있다고 보는데 F3: 네트워크는 α계수가 0.5779로 다소 낮기는 하나 0.6에 근접하여 분석에 사용하기로 하겠다(Van de Ven & Ferry 1980).

111) 물론 이 방법은 표본수집 과정에서 대표성의 문제가 존재하는 것도 사실이다. 그럼에도 보다 광범위한 조사를 위해 연구자는 이 방법을 선택하였다.

〈표 Ⅳ-5〉 표본의 개요

구 분		빈도(frequency)	%(percent)
전 체		384	100.0
성 별	남성	185	48.2
	여성	199	51.8
연령별	20대*	105	27.3
	30대	126	32.8
	40대	126	32.8
	50대 이상	27	7.0
학력별	중졸 이하	0	0.0
	고졸	104	27.1
	대재 이상	280	72.9
거주지별	서울/경기/인천	197	51.3
	대전/충청	39	10.2
	광주/전라	29	7.6
	대구/경북	47	12.2
	부산/울산/경남	53	13.8
	강원/제주	19	4.9
직업별	화이트칼라	120	31.3
	블루칼라	26	6.8
	자영업	29	7.6
	농/임/수산업	1	0.3
	주부	67	17.4
	학생	115	29.9
	무직/기타	26	6.8

* 20대는 2002년 대통령선거에서 선거권을 가진 응답자로 제한했다.

다음으로, 응답자들이 가입하여 활동하고 있는 사이버 공동체의 수와 그 분류, 특성에 대해서 알아보았다. 먼저 사이버 공동체에 참여하고 있는 응답자들은 최대 100개 이상까지 가입했다고 응답했으며, 평균 19.53개에 가입한 것으로 나타나 이전 조사에서 나타났던 6~10개보다 늘었다. 그러나 이 중에서 적극적으로 활동하는 사이버 공동체의 수는 오히려 줄어들어 참여자들은 가입은 많이 하지만 실제로 활동하고 있는 공동체의 수는 감소했다. 응답자들은 적극적으로 가입하여 활동하고 있는 공동체의 수를 1~2개가 49%로 가장 많았고, 그 뒤를 3~4개 활동 중이라는 응답자는 121명(31.5%), 5~6개가 40명(10.4%)으로 1개 이상 6개까지의 활동한다는 응답이 전체 응답자의 90.9%이다.

  가장 적극적으로 활동하고 있는 1개의 사이버 공동체를 선정해서 그 공동체의 목적별 분류를 해 본 결과는 응답자들은 취미여가를 중심으로 형성된 취미형 공동체 200명(52.1%)으로 가장 큰 비중을 차지했고, 다음으로 정보를 습득하거나 얻을 수 있는 정보형 공동체로 91명(23.7%)이었다. 그 뒤를 혈연이나 지연, 연령별 친목모임 또는 각종 동문회형태를 아우르는 친목형 공동체로 79명(20.6%), 사회·지역·정치적인 공동체인 사회정치형 공동체는 14명(3.6%) 이었다.

〈표 Ⅳ-6〉 사이버 공동체 현황

구 분		빈도(frequency)	%(percent)
전 체		384	100.0
활동하는 사이버 공동체	1~2개	188	49.0
	3~4개	121	31.5
	5~6개	40	10.4
	7~8개	17	4.4
	9~10개	10	2.6
	11개 이상	8	2.1
가장 적극적 활동 사이버 공동체 (분류별)	취미형 공동체	200	52.1
	정보형 공동체	91	23.7
	친목형 공동체	79	20.6
	사회정치형 공동체	14	3.6
가입동기	자발적 가입	229	59.6
	주변의 권유	35	9.1
	소개나 광고	24	6.3
	우연히	76	19.8
	가입자 수	6	1.6
	오프라인 존재	11	2.9
	기타	3	0.8
가장 적극적 활동 사이버 공동체 참여기간	1년 이하	86	22.4
	1년 이상~3년 이하	227	59.1
	3년 이상~5년 이하	53	13.8
	5년 이상	18	4.7
가장 적극적 활동 사이버 공동체 회원 수	100명 이하	86	22.4
	100~1,000명	112	29.2
	1,001~10,000명	80	20.8
	10,001~50,000명	61	15.9
	50,001명 이상	45	11.7

일반적으로 연령별 친목모임인 친목형 공동체가 가장 활성화된 것으로 나타났지만 실제로 네티즌들은 적극적으로 활동하는 순서에서는 뒤로 처졌다. 따라서 이런 결과를 유추해 보면, 친목형 공동체의 경우 상

대적으로 많은 참여자들이 있지만 질문한 적극적으로 활동하고 있는 공동체에서는 비중이 많이 떨어진 것으로 풀이된다.

또 가입동기별로는 성격과 목적이 관심을 가지고 있어 자발적으로 가입한 경우가 229명을 기록, 전체 응답자의 59.6%를 차지했다. 다음이 인터넷 웹서핑(web surfing) 중에서 우연히 가입했다는 응답도 76명(19.8%)을 차지했고, 그 뒤를 이미 활동하고 있는 친구가 권유해서가 35명(9.1%), 모임에 대한 소개나 광고를 통해서라고 응답한 경우가 24명(6.3%)인 것으로 조사되었다.

한편, 사이버 공동체 참여자들이 가장 적극적으로 참여하는 공동체의 경우에 활동기간별로는 응답자들의 227명(59.1%)이 1년 이상~3년이하로 활동하고 있는 것으로 조사되었다. 그리고 다음 1년 이하가 86명(22.4%), 3년 이상~5년 이하라고 대답한 응답자는 53명(13.8%)으로 조사되었다. 상당수의 사이버 공동체 참여자들은 1~3년 동안 지속적으로 관심을 가지고 공동체에 60%가 참여해 적극적인 활동을 하고 있는 것으로 조사되었다.

추가적으로 가장 적극적으로 활동하고 있는 사이버 공동체의 회원수는 100~1,000명이라는 응답이 112명(29.2%), 100명 이하라는 응답이 86명(22.4%), 1,001명~10,000명이라는 응답이 80명(20.8%)의 순으로 나타났다. 회원 수가 50,000명 이상이라는 응답자도 45명(11.7%)인 것으로 조사되었다.

2. 분류와 규모별 정치참여와의 관련성

〈표 Ⅳ-7〉은 사이버 공동체의 목적별 분류에 따라서 참여자들의 실제 정치참여 행위인 선거투표율에는 어떤 영향을 미쳤는지를 통계적인 교차분석(cross tabulation)을 통해 검정했다. 그 결과, 사이버 공동체의

분류에 따라 지난 2002년 대통령 선거투표 참여율이 다르게 나타난 것
으로 집계되었다.[112]

〈표 Ⅳ-7〉 분류별 2002년 대통령선거 참여

목적별	2002년 대선 참여		합 계
	예	아니오	
취미형	111(55.5%)	89(44.5%)	200
정보형	72(79.1%)	19(20.9%)	91
친목형	47(59.5%)	32(40.5%)	79
사회정치형	12(85.7%)	2(14.3%)	14
Chi Square=18.491 p<0.01			384

특히 흥미로운 것은 표본 전체의 선거참여는 63.0%로 나타나 참여
자들의 투표율이 전체 국민 투표율 70.8%보다 낮았다. 분류별로 세분
해 보면, 사회정치형 공동체가 가장 높은 85.7%를 기록했고 다음으로
정보형 공동체로 79.1% 참여해 당시 전체 투표율 70.8%보다 높은 것
으로 나타났다. 그러나 취미형 공동체(55.5%)와 친목형 공동체(59.5%)
경우 투표율이 극히 떨어지는 것으로 조사되었다.
한편 이 가설은 카이자승(Chi Square) 검정에 의해 유의확률 p<0.01
수준에서 유의한 것으로 나타났다. 즉 적극적으로 활동하고 있는 사이
버 공동체의 분류별 성격에 따라 2002년 대통령선거 참여율은 영향이
있는 것으로 해석된다.

---

112) 연구자가 2002년 대통령 선거 투표율을 선택한 것은 가장 최근의 전국적
    인 선거였기 때문이다. 2002년 대선 선거권을 가진 응답자들로 제한해서
    조사했다.

〈표 Ⅳ-8〉 회원 수와 2002년 대선 참여

회원 수	2002년 대선 참여		합 계
	예	아니오	
100명 이하	64(74.4%)	22(25.6%)	86
100~1,000명	71(63.4%)	41(36.6%)	112
1,001~10,000명	51(63.8%)	29(36.3%)	80
10,001~50,000명	35(57.4%)	26(42.6%)	61
50,001명 이상	21(46.7%)	24(53.3%)	45
Chi Square=10.817 p<0.05			384

한편, 사이버 공동체의 규모(회원 수)와 선거참여의 영향도 역시 관계가 있는 것으로 나타났다. 결과는 회원 수가 적은 곳에 참여한 사이버 공동체 참여자들일수록 2002년 대통령 선거에 많이 참여했고, 반대로 회원 수가 많을수록 선거 참여율이 떨어졌다. 회원 수가 100명 이하인 공동체 참여자들의 투표율은 74.4%로 가장 높은 반면, 5만 명 이상 공동체에 참여하는 경우는 46.7%로 나타났다. 그리고 관계도 비례적으로 집계되어 100~1,000명 이상의 공동체에 참여하고 있는 경우는 63.4%, 1,001~10,000명은 63.8%, 10,001~50,000명은 57.4%로 조사되었다. 역시 카이자승 검정에 의해 p<0.05 수준에서 유의한 것으로 나타났다.[113]

113) 이러한 결과는 사이버 공동체 참여자들은 회원 수가 많은 공동체의 경우 현실 정치행위 중의 하나인 투표를 하지 않는다는 추론을 가능하게 한다. 그렇지만 본 연구에서 발견된 경향이 일반화되기 위해서는 사이버 공동체의 규모에 따라 투표율은 연관성이 있을 것이란 가설에 대한 추가적 연구가 필요할 것이다. 홍성욱은 소그룹이야말로 사람들 간의 친밀한 연결(connection)을 맺을 수 있는 최대단위로서 창조적인 소그룹 네트워크의 중요성을 강조하기도 한다. 공동체 내의 원활한 교류를 하기 위해서는 적정규모의 소그룹 형성이 유리하다는 것은 이미 많은 연구에서 밝혀진 바다. 보다 자세한 내용은 홍성욱. 『네트워크혁명: 그 열림과 닫힘』(서

목적별 분류에 따른 선거참여 결과는 각 유형별로 향후 정치참여적인 경향이 어떻게 나타날 것인지를 예측할 수 있다. 나중에 살펴보겠지만 사례분석의 결과도 이와 유사하다. 결국 사이버 공동체 참여자들은 가입하여 주로 활동하는 공동체의 목적에 따라 이미 참여적인 행태가 결정되어 있을 수도 있다는 논의도 가능하다. 그리고 응답자들은 사이버 공동체 회원 수가 적을수록 선거에 많이 참여했고, 회원 수가 많을수록 선거 참여율이 떨어졌다. 이는 카이자승(Chi Square) 검정에 의해 $p < 0.05$ 수준에서 유의한 것으로 나타났다.

3. 사이버 공동체의 사회적 자본과 정치참여와의 관련성

가설을 검정하기 위해 선정된 독립변수들을 각 요인별 일괄투입방식(enter)에 의한 다중회귀분석을 실시하였다. 각 가설의 요인별 9개의 분석모형에서 네트워크 요인과 오프라인 정치참여, 온라인 정치참여 등 2모형을 제외하고 F통계량 값은 모두 유의해($p < 0.01$) 회귀모형의 적합성은 높았다. 그리고 각 모형의 자기상관과 다중공선성(multi-collinearity)은 없는 것으로 나타났다.[114] 각 분석모형을 오프라인과 온라인, 미래 참여 가능성으로 재분류한 결과는 다음 〈표 Ⅳ-9〉와 같다.

___

울: 도서출판 들녘, 2002)과 Mancur Olson. The Logic of Collective Action.(Harvard Univ Press, 1971) 참조.

114) 자기상관은 Durbin-Watson 통계량 값이 2에 가까우면 오차항 간에 독립성이 존재한다고 할 수 있다. 분석결과, 각 회귀모형의 자기상관은 없었다. 그리고 다중공선성은 공차한계(Tolerance)가 작을수록 분산팽창요인(VIF)이 클수록 발생한다. 일반적으로 공차한계가 0.1보다 작을 때 그리고 분산팽창요인이 10 이상일 때, 공선성 문제가 발생하는데 본 연구모형에서는 나타나지 않았다.

〈표 Ⅳ-9〉다중 회귀분석 결과

1. 사이버 공동체의 오프라인 정치참여

요인 군	변 수	표준화계수 β	t	유의확률(p)
신뢰 및 연대 (F1)	안정적 의사소통	.072	1.210	.227
	도움 받음	.099	1.727	.085*
	교류의 강도	.166	2.770	.006***
규범 및 규칙 (F2)	문서 규칙	.162	2.855	.005***
	처벌가능성	-.076	-1.334	.183
네트워크 (F3)	의사결정 민주성	.003	.050	.960
	수평성	.029	.522	.602

2. 사이버 공동체의 온라인 정치참여

	안정적 의사소통	.164	2.783	.006***
신뢰 및 연대 (F1)	도움 받음	.094	1.669	.096*
	교류의 강도	.149	2.537	.012**
규범 및 규칙 (F2)	문서 규칙	.216	3.860	.000***
	처벌가능성	.005	.086	.931
네트워크 (F3)	의사결정 민주성	.068	1.219	.224
	수평성	.046	.828	.408

3. 사이버 공동체의 미래의 참여지향성

	안정적 의사소통	.131	2.185	.030**
신뢰 및 연대 (F1)	도움 받음	.117	2.030	.043**
	교류의 강도	.069	1.153	.250
규범 및 규칙 (F2)	문서 규칙	.146	2.670	.008***
	처벌가능성	.186	3.383	.001***
네트워크 (F3)	의사결정 민주성	.120	2.180	.030**
	수평성	.106	1.929	.054*

* p<0.1   ** p<0.05   *** p<0.01

다중회귀분석 결과를 요약하면 첫째, 요인변수들 간의 차이를 통해서 독립변수의 상대적 영향력을 나타내는 표준화 계수 β는 각 회귀식에서 부분적으로 유의한 것으로 나타났다. 따라서 본 조사에서 사이버 공동체의 사회적 자본과 온라인, 오프라인의 정치참여와는 인과성이 부분적으로 존재하는 것으로 분석되었다.

둘째, 결과는 채택된 변수들이 모두 양(+)의 방향이기 때문에 사이버 공동체에서의 사회적 자본과 정치참여는 정(正)비례 관계를 가진다. 즉 사이버 공동체에서도 오프라인 공동체와 마찬가지로 신뢰 그리고 규범 및 규칙, 수평적 네트워크가 형성될수록 참여적인 경향이 강한 것으로 나타났다. 이번 연구에서는 사회적 자본과 참여에 있어 사이버 공동체의 부정적인 역할을 주장했던 학자들의 견해와는 달리, 실증적 결과는 사이버 공동체의 사회적 자본은 정치참여와 인과성을 가지고 있음을 확인해 주었다.

셋째, 사이버 공동체의 활동을 통해서 사회적 자본이 형성된다고 해도 참여행태는 오프라인과 온라인 그리고 미래의 참여 가능성 등에서 차이가 있는 것으로 도출되었다. 사회적인 이슈에 대한 직접적인 참여는 부분적으로 유의(3변수)했지만, 공동체 내부에서의 정치참여 활동은 통계적으로 많은 변수를 채택(4변수)했다. 그리고 향후 참여 가능성은 가장 많은 통계적으로 유의한 변수를 채택(6변수)했다. 이는 사이버 공동체의 사회적 자본이 형성된다면, 직접적으로 현실에서의 정치참여 수준을 높여주기도 하지만, 보다 중요하게는 온라인 내부의 토론과 참여를 확대해주고 장기적으로 오프라인의 사회단체나 NGO 등에 참여의향도 강화시켜 준다는 것을 알려주고 있다. 이런 측면에서 사이버 공동체는 오프라인 공동체와 마찬가지로 성원들의 참여를 고양시켜 민주주의의 학교 역할을 하고 있다. 요컨대, 사이버 공동체 활동은 단기적인 선거참여, 동원, 시위 등의 직접적인 참여보다는 미래의 참여지향적인 시민으로 교육받을 기회를 제공한다 하겠다.

제4절 연구소결

첫 번째 함의(implication)는 먼저, 2002년 대통령 선거에서 사이버 공동체는 가입자의 목적별 분류에 따라, 그리고 회원 수에 따라 각각 다른 투표행태를 보였다는 점을 확인할 수 있었다. 분류별로는 사이버 공동체 중에서 취미형과 친목형 공동체의 참여자들의 경우보다 정치참여적이지 않은 경향이 강하다는 것을 확인해 주었다. 그러나 사회정치형과 정보형 공동체의 경우 상대적으로 적극적인 투표참여를 했음을 알 수 있었다. 이는 결국 정치참여적인 면에서는 사이버 공동체의 분류와 회원 수에 따라 다른 형태의 내부 운동시스템이 존재한다는 증거이기도 할 것이다. 이 같은 결과는 우선, 사이버 공동체의 개인화나 파편화·고립화를 통한 정치 무관심이 취미형과 친목형 공동체를 중심으로 확산되고 있지 않은가 하는 우려감이 들게 한다. 그리고 참여자들이 가입하는 사이버 공동체에 따라 정치참여의 형태가 다르다는 것은 정치에 관심을 가지고 있는 참여자들에게는 보다 많은 기회를 제공해 줄 수도 있을 것이다. 즉 기존 연구결과와 마찬가지로 정치참여에 새로운 대중을 인입시키기보다는 적극적인 참여자들의 공간 확대로서 사이버 공동체는 보다 큰 역할을 하고 있는 것이다.[115] 이미 정치에 관심이 있는 개인들은 사이버 공동체에 활동을 하게 됨으로써 보다 온라인 시민으로서 많은 정보를 습득하고, 토론을 통해서 의사표현을 하는 등 정치참여의 새로운 형태로 발전할 가능성이 높다는 것이다.

둘째, 사이버 공동체의 활동 특히 사회적 자본의 구성요소인 신뢰와

---

[115] 사이버 공동체 활동이 정치참여의 수적 확대가 아니라 적극적인 활동가들의 정치참여의 공간확대로서 의미를 가진다는 연구도 있다. 보다 자세한 내용은 윤영민.(2000)과 강원택.(2003), 윤성이."한국의 사이버 민주주의", 2003 서강대학교 사회과학연구원·사회과학연구소 공동주최 학술회의 발표 논문집 참조 바람.

연대감 요인과 규범 및 규칙요인, 네트워크의 존재에 따라서 사회적인 이슈에 대한 시위, 서명 등의 항의행위에 직접적인 참여는 부분적으로 유의했지만, 변수 모두를 만족시키지는 못했다는 점이다. 하지만 사이버 공동체 내부에서의 정치적인 이슈에 대한 토론과 글게시나 커뮤니케이션의 확대 등 내부적인 정치 활동은 현실 정치영역의 변수들보다는 상대적으로 설명력이 높고 통계적으로도 영향을 많이 주고 있는 것으로 나타났다. 또한 신뢰, 연대감 그리고 규범에 따라서 향후 사회·정치적인 단체 참여 가능성도 현실 정치참여보다 통계적으로 유의미하다.

셋째, 사이버 공동체 참여자들의 사회·정치적인 참여를 높이기 위해서는 공동체 내부의 신뢰와 연대성이 향상되고 규범과 규칙, 민주적이고 수평적인 네트워크가 정비되어야 함을 알 수 있었다. 풀어서 설명하면 사이버 공동체 내부의 사회적 자본이 활성화될수록 공동체 외적인 영역에까지 이것이 발산될 가능성이 크다는 것이다. 또 사이버 공동체 내부의 신뢰와 규범의 수준이 높을수록 정치참여가 높아지는 것으로 나타났는데 이는 현재보다 사이버 공동체의 신뢰와 연대감을 향상시키고 규범과 규율을 잘 정비하면 더욱 현실정치에 관심을 가지고 참여하게 될 것임을 의미한다.

넷째, 사이버 공동체 참여자들은 현실(오프라인) 사회·정치참여에는 부분적으로 참여적인 경향을 가지고 있지만, 상대적으로 사이버 공동체 내부에서 보다 적극적으로 참여적인 행동을 보이는 것으로 나타났다. 그리고 응답자의 상당수가 자신이 열심히 참여하고 있는 사이버 공동체의 경우 민주적인 운영을 하고 있다는 긍정적인 응답을 했다.

다섯째, 사이버 공동체 내부의 사회적 자본의 형성과 축적에 따라 향후에 필요하다면 사회단체에 참여 가능성도 높은 것으로 나타나 사이버 공동체 활동은 회원들에게 앞으로 중요한 정치참여의 공간으로 나갈 수 있는 토양을 가지고 있었다. 그런 의미에서 사이버 공동체는 알렉시스 토크빌(A. Tocqueville)이 오프라인 공동체에 대해 논의한 시민사회의 공적 협력과 참여의 확대, 민주주의의 학교로서의 기능을 수행하고 있는 것으로 사료된다.[116] 따라서 사이버 공동체의 적극적인 활동은 장기적으로 참여지향적인 시민으로 교육받을 수 있는 토대가 될 것이다.

많은 연구성과에도 불구하고 본 연구는 다음과 같은 한계점을 가지고 있다. 먼저, 대표성이다. 이메일 여론조사는 대다수가 20~30대의 젊은 층이어서 표본선정이 객관적이지 못하고 비표본 오차, 패널선정의 대표성 문제가 있어 정확한 통계적 자료로 활용하기는 곤란하다는 약점을 가지고 있다. 본 연구에서도 이를 극복하기 위해 인구통계적인 비중을 고려했지만 문제점을 완전히 극복하지 못했다. 그리고 여론조사의 패널들은 상대적으로 사이버스페이스에서 적극적 활동가라 할 수 있기 때문에 이들의 대표성에도 문제가 있을 수 있다. 둘째, 분석결과에 대한 회귀식의 설명력을 나타내 주는 결정계수(R^2)가 너무 낮다는 것이다. 물론 회귀방정식은 일관된 방향성을 가지는 것으로 나타났지만 결정계수가 높지 않다는 것과 다양한 요인을 고려하지 못한 것은 본 연구의 한계라고 할 수 있다.

본 연구의 한계점을 기초로 향후 연구의 방향성을 제시해 보면 다음과 같다. 첫째, 한국의 사이버 공동체의 특성에 따라 그 내적 역동성에 대한 측정방법이 개발된다면 보다 정확하고 실질적인 검증결과를 얻을 수 있을 것이다. 따라서 이것 또한 본 연구자와 후속 연구자들의 몫일 것이다. 둘째, 표본의 대표성을 확보하기 위해 보다 표본의 수를 늘린다면 더 구체적인 요인들을 추출해 사이버 공동체 참여자들의 민주적 운영 정도와 정치참여 가능성에 대해 규명할 수 있을 것으로 생각된다.

---

116) Larry Diamond, *Developing Democracy: Toward Consolidation.* (Baltimore and London: The Johns Hopkins University Press, 1999).

V. 사이버 공동체의 정치참여 사례연구

사이버 공동체의 정치참여와 관련한 계량적인 분석을 통해 다양한 결과가 유도되었다. 그렇지만 사이버 공동체의 민주주의와 그 속성을 파악하기에는 한계가 존재한다. 무엇보다 공동체 참여자들이 가지고 있는 내적이고 인지적인(cognitive) 측면까지 계량적인 연구로 분석해 내는 데에는 일정한 한계점이 있었다. 따라서 본 장에서는 구체적인 사례연구를 통해서 사이버 공동체의 민주주의가 어떤 경향을 가지는지, 그리고 어떤 연관성을 가지고 표출되는 지를 분석할 것이다.

사례연구에 앞서 연구자는 연구대상 22개의 사이버 공동체를 구분하고 각각의 공동체의 유형을 선정하였다. 연구자가 22개의 사이버 공동체를 선정한 기준은 두 가지이다. 먼저, 각 분류별 사이버 공동체의 형태 중에서 전문화되고 대표적인 사이버 공동체를 선정했다. 기준은 사이버 공동체에 대한 대중적인 순위 사이트인 랭키닷컴(http://www.rankey. com) 순위를 중심으로 선정했다. 그러나 정보형 공동체와 사회정치형 공동체의 경우 일반적인 순위형성이 되지 않아 대중적 인지도가 높은 공동체를 우선적으로 선정했다. 그리고 이상의 4가지 형태의 각 분류별 보조적인 지표로 측정될 수 있는 추가사례를 발굴하여 사례연구의 적실성을 높이고자 했다.117)

기준에 따라 취미형 공동체는 취미나 오락, 건강 등을 추구하는 공동체로서 주(主)사례는 독서, 차(tea), 축구 서포터스 모임을 선정하였다. 분석대상 사이버 공동체는

(1) 책친구(http://cafe.daum.net/bookreading),

---

117) 물론 본 사례연구를 위한 사이버 공동체 선정에 있어 연구자의 관심도와 취향이 어느 정도 반영된 것은 사실이지만 전반적으로 일반화시킬 수 있는 공동체의 형태를 선정하고자 했다.

(2) 티테이블(http://cafe.daum.net/teatable),

(3) 붉은 악마(http://www.reddevil.or.kr) 이다.

〈표 V-1〉 취미형 공동체의 일반 현황

명칭 및 주제	개 설	회원 수	구 성	특 징
책친구 (독서)	2000년 1월	40,000명	13개 분야별 하위 게시판	청소년 우수 커뮤니티 회원 등급제
티테이블 (홍차)	2000년 3월	3,400명	8개 게시판	여성회원 비중 많음
붉은 악마 (축구)	1993년 (PC통신)	220,000명	권역별 지역모임으로 구성	오프라인 연계성 강함

다음 기존의 인간관계나 새로운 인간관계 형성을 위한 친목형 사이버 공동체의 대표적인 형태로서는 〈아이러브스쿨〉을 선정했다. 그리고 아이러브스쿨이 너무 방대하기 때문에 몇 개의 보조적인 사례를 선정해 집중적으로 참여 관찰했다. 분석대상 사이버 공동체는

(1) 아이러브스쿨(http://www.iloveschool.co.kr),

(2) 경기대 영자신문사(http://www.iloveschool.co.kr/frame/frame.asp),

(3) 쇠주에 삼겹살(해산),

(4) 술모임과 우정(http://cafe.daum.net/soju1519),

(5) 지하철 5호선(http://club.sayclub.com/@line5),

(6) 7000번버스를 타는 사람(http://cafe.daum.net/bus7000) 등 6개
    이다.

〈표 V-2〉 친목형 공동체의 일반 현황

명칭 및 주제	개 설	회원 수	구 성	특 징
아이러브스쿨	1999년 11월	1,100만 명	일일 방문자수 70만 명 평균 페이지뷰 2200만	국내최대 사이버 동창회
경기대 영자신문사	2000년 6월	100명	동문들 간 교류를 위한 게시판 형태로 구성	영자신문사 기자 동문회
쇠주에 삼겹살	2001년 7월	–	자진 폐쇄	–
술모임과 우정	2000년 11월	2,000명	12개의 하위 게시판	오프라인 모임 활발
지하철 5호선	2002년 12월	340명	주제별 게시판과 문화, 나이 소모임 활동	지하철 이용자 동호회 '아나바다 운동'
7000번 버스를 타는 사람	2002년 11월	1,100명	10여 개의 하위 게시판	서울-수원 출퇴근 버스 이용자들의 친목모임

　　세 번째로 정보형 공동체는 각종 정보 제공이나 습득, 학문적인 목적을 가진 공동체로서 〈삼성경제 연구소의 사이버 포럼〉과 〈디시인사이드〉가 정보형 사이버 공동체로서 기능을 하고 있다는 판단에 선정하였다. 그리고 추가적인 보조 연구대상을 선정하였다.

　　(1) 삼성경제연구소 사이버 포럼(http://www.seri.org/forum),

　　(2) 디시인사이드(http://www.dcinside.com),

　　(3) 줌인(http://www.zoomin.co.kr),

　　(4) M&A 파워포럼(http://www.seri.org/forum/mna),

　　(5) ! 중국 e-biz !(http://www.seri.org/forum/chinaebiz),

　　(6) 웹사이트 평가 그룹(http://www.seri.org/forum/wsvg),

　　(7) 빈폴, 폴로 매니아(http://cafe.daum.net/beanpolo),

　　(8) 셀빅(http://www.cellvic.com) 등 8개이다.

<표 Ⅴ-3> 정보형 공동체의 일반 현황

명칭 및 주제	개 설	회원 수	구 성	특 징
삼성경제연구소	1999년 11월	160,000명	하위 포럼 1,500개	경제연구소가 운영하는 비영리 사이버 공동체
디시인사이드 (디지털카메라)	1999년	1일 방문 80,000명	9개의 대분류하에 하위 게시판 100여 개 운영	디지털 카메라 사진공개 품평, 아햏햏 문화
줌인 (카메라)	-	-	사진 분야, 팬클럽, 모임별, 일반 형태의 600여 커뮤니티	정기적인 출사 기업이 운영
M&A 파워포럼 (M&A 정보)	1999년 12월	9,200명	내부소모임, 지역모임 등으로 발전	인맥형성
! 중국 e-biz ! (중국)	2002년 5월	3,200명	9개의 소모임 운영 기본정보와 전문가 정보제공	자체 세미나 진행 2권의 서적 발간
웹사이트 평가 그룹(인터넷)	2000년 7월	5,300명	20개의 자료 및 정보제공형 게시판	별도 수익 프로젝트 수행
빈폴, 폴로 매니아(의류)	2001년 8월	190,000명	6개의 분류하에 2~3개씩의 소게시판 형태	프로슈머적 기능 패션, 정보, 공동구매
셀빅(PDA)	-	-	블로그 형태의 25개 커뮤니티 운영	기업 홈페이지에 구성 별도의 오프라인 공간 운영(셀빅존)

마지막으로 사회·환경·여성·정치·지역 분권적인 사이버 공동체인 사회정치형 공동체는 <노사모>와 <개혁국민정당>을 선정하였다. 그리고 보조적 연구대상 공동체 3개를 추가 선정했다.

〈표 V-4〉 사회정치형 공동체의 일반 현황

명칭 및 주제	개 설	회원 수	구 성	특 징
노사모	2000년 4월	90,000명	지역별, 취미별, 성별 등 다양한 동호회 운영	한국 최초의 정치인 팬 카페
개혁국민정당	2002년 11월	-	2003년 11월, 열린 우리당으로 통합	인터넷 기반 정당 표방 진성 당원제 실시
남산타운 21	2000년 12월	개방형	지역 현안, 정보제공 등 하위게시판 구성	지역 단위의 공동체 형성
신도림동 대림아파트	2002년 3월	-	아파트 운영, 민원, 벼룩시장, 반상회 등 커뮤니티 기능	지역 단위의 공동체 형성
수지시민연대	2001년 3월	2,000명	주제별, 동별 소모임 운영	교통, 환경 지역 시민운동

(1) 노사모(http://www.nosamo.org),

(2) 개혁국민정당(http://www.kppr.org),

(3) 남산타운21(http://www.namsantown21.com),

(4) 신도림동 대림아파트(http://sindorim.icitiro.com/index.jsp),

(5) 수지시민연대(http://www.sujicity.net) 등 5개이다.

제1절 변수의 조작화와 가설

22개의 목적 분류별 사이버 공동체에 대한 사례연구에 앞서 각 공동체의 내부적 역동성과 공동체의 운영에 대한 공통분모를 추출하기 위해 변수의 조작화(manipulation) 과정을 거쳤다. 조작화의 주요한 변수들은 앞장의 실증분석에서 추출된 핵심적인 내용들을 세부적으로 재작성하여 심층 인터뷰와 이메일, 전화 인터뷰를 실시하였다. 그리고 해당 사이버 공동체의 내적 동태성을 파악하기 위해 주요 게시판을 모니터링하고 참여관찰 함으로써 인터뷰에서 발견하지 못했던 내용들을 발굴해 연구자가 정리했다.

그 주요 측정지표들은 다음과 같다. 먼저, 사이버 공동체에 대한 개관으로 개설시기와 목적, 회원 수, 사이버 공동체 구성 및 형태에 대해서 질문을 하였다. 다음으로 사이버 공동체의 정치참여적인 동태성을 파악하기 위한 지표로서 사회적 자본(social capital)의 변수들인 신뢰와 연대감, 규범과 규칙, 네트워크와 정치참여를 중심으로 분석했다. 본 사례연구에서 중심적으로 확인하고자 한 것은, 설문조사에서 간과하기 쉬운 요인들로서 구체적 내용은 설문조사에서 요인분석(factor analysis)으로 추출되었던 3가지 요인(factor)을 중심으로 추출했다.

1. 신뢰(trust) 및 연대(solidarity)

앞서 지적한 대로 신뢰는 공동체의 사회적 자본과 참여를 측정하기 위한 중요한 변수중의 하나이다. 공동체의 신뢰의 형성에 따라 정치참여는 상이한 형태로 나타날 것이다. 사례분석을 통해 분석하고자 한 사이버 공동체 내부의 신뢰와 연대감에 대한 지표들은 형성정도와 각 참여자들 간의 연계성과 안정적인 커뮤니케이션에 대해 사례를 중심으로 고찰해 보고자 했다. 그리고 참여자들의 사이버 공동체에 대한 만족감과 이용성에 대한 평가, 운영진에 대한 신뢰감의 존재 등을 중점적으로 분석했다. 아울러 사례연구에서는 계량분석의 요인분석에서 추출하지 못한 사이버 공동체의 내부적 신뢰와 성원 간 연대의 보다 구체적인 행태와 내적 동태성을 확인하고자 했다.

2. 규범(norms) 및 규칙(rule)

앞서 계량적인 연구에서는 규칙과 규범의 형성에 따라 정치참여와 향후의 사회·정치적인 단체에 참여와는 양(+)적인 관계가 있으며 설명력도 비교적 높은 것으로 나타난바 있다. 그 연장선상에서 규범과 규칙과 관련된 사례측정지표들은 역시 계량분석에서 시도했던 구체적인 규칙의 존재형태와 참여자들의 준수정도, 위반자들에 대한 대응, 다툼의 발생 시 문제해결 방법의 존재 등을 중심으로 측정했다. 이와 함께 유형화된 규칙 외에 별도의 규범의 존재와 규칙 및 규범의 형성과정을 보다 세부적으로 발굴하고자 했다.

특히, 규칙이나 규범의 형성과정을 분석해 봄으로써 사이버 공동체 운영의 역사적 요인과 제도적인 측면에서 어떤 기여를 하고 있으며, 규칙과 규범형성에 따라 공동체 내부에 어떤 영향을 미치고 있는지를 살펴 볼 것이다. 부가적으로 회비가 존재하는 일부 사이버 공동체의 경우 이에 대한 투명성의 확보를 위한 방법과 규칙위반 사례들을 질문하였다.

3. 네트워크(network)

네트워크 형성과 관련된 분야는 보다 세부적인 접근을 시도했다. 사례분석을 통해서 분석하고자 한 네트워크에 대한 주요한 측정지표들은 사이버 공동체의 평등성과 운영과정의 민주성에 대한 참여자들의 의견, 그리고 회원과 회원 및 회원과 운영진과의 연계를 살펴보았고, 사이버 공동체 네트워크 형태의 특징이 수평적인 구조(horizontal structure)인지, 위계적인 구조(hierarchical structure) 인지를 파악하고자 했다. 공동

체의 구조는 신뢰의 범위와 형성 그리고 규범차원에서도 많은 영향을
미친다. 위계적인 구조일 경우에는 내부적인 신뢰의 형태도 집단 이기주
의적인 협소한 형태로 발전할 가능성이 크다.

이와 함께 네트워크의 형성에 있어서 오프라인 모임에 대한 의견 등
을 분석함으로써 오프라인과 온라인 간의 상호작용의 결과가 어떻게
정치참여에 영향을 미치는 지를 분석했다. 그리고 회원들 간의 내적
호혜성, 외적으로 발현되는 형태의 호혜성, 공동체 간의 연계에 대해
측정하고자 시도했다.

4. 정치참여(political participation)

정치참여는 계량분석과 마찬가지로 보다 포괄적이고 확장적인 개념
으로서 정의했다. 따라서 정치참여를 사이버 공동체 활동에 참여하고
집단내의 운영에서 의견을 조정하고 토의하는 모든 과정으로 보고 이
를 조사, 측정하였다. 계량분석 결과는 사이버 공동체의 정치참여가 외
부 확산보다는 내부에서 강화되고 있으며 그것이 단순히 정체된 것이
아니라 향후 외부적인 참여로 확산될 가능성을 발견했었다. 따라서 사
례연구에서는 이 성과를 바탕으로 내부 정치참여의 유형과 경향에 대
해서 보다 세밀하게 살펴보고, 현실 정치참여까지 확장될 가능성에 대
해 인지적이고 미시적인 차원에서 분석해 보고자했다.

정치참여 지표를 측정하기 위한 사례연구에서는 사이버 공동체 내부
에서 벌어지고 있는 정치적인 이슈에 대한 확인을 게시판 관찰과 운영
진들과의 인터뷰를 통해서 사회적인 참여도에 대한 회원들의 생각을
들어보았다. 마지막으로 정치적이거나 사회적인 주제가 공동체 내부에
서 공론화된 경험과 사례들을 수집하였다.

5. 가설설정

이어서 연구자는 사례연구에서 사이버 공동체의 신뢰 및 연대감, 규범 및 규칙, 네트워크의 형태에 따라서 공동체 내부의 정치참여와 공동체 외부 또는 현실 정치참여적인 행태는 어떻게 나타나는지를 살펴볼 것이다. 그리고 내부(온라인 영역) 정치참여적인 특성과 외부(오프라인 영역)의 정치적 함의를 비교 분석함으로써 현재 존재하는 사이버 공동체의 민주주의의 위치를 유형화하고 그 의미를 도출해 낼 것이다. 다음으로 이를 종합하여 각 변수에 따라 사이버 공동체의 정치참여에는 어떤 영향을 보이는 지를 분석하겠다. 마지막으로 향후 사이버 공동체의 참여지향성을 증진시키기 위해 어떤 제도적 보완과 노력이 필요할 것인지를 살펴 볼 것이다.

분석절차는 변수별로 조작화 된 항목을 연구대상 공동체를 분석했고, 그 분류는 앞서 지적한대로 4가지 사이버 공동체의 목적별 분류(취미형, 정보형, 친목형, 사회정치형 공동체)에 따라서 살펴보았다.

<표 Ⅴ-5> 변수의 조작화

항 목	조 작 화
신뢰 및 연대감	1. 사이버 공동체에 대한 이용성과 정보나 게시물에 대한 신뢰 2. 안정적인 커뮤니케이션 통로의 확보 3. 회원 간 또는 운영진 간의 연대감
규범 및 규칙	1. 명문화된 회칙의 존재 여부와 회원들에게 공지 2. 규칙의 위반자에 대한 처벌과 제재여부 3. 분쟁 발생에 대한 대처방안
네트워크	1. 사이버 공동체 내부의사 결정과정(운영의 민주성, 평등성) 2. 오프라인과의 연계성
정치참여	1. 내부에서의 정치적인 사안에 대한 토론 가능성과 실제 2. 주요 사회적 이슈에 대한 반응

제2절 분석결과

1. 신뢰 및 연대감

(1) 사이버 공동체에 대한 이용성과 정보, 게시물에 대한 신뢰

먼저 사이버 공동체 이용과 정보 게시물 신뢰는 대부분의 응답자들이 공통적으로 높다는 것이 주류였다. 일반적으로 사이버 공동체의 신뢰 및 연대성은 분석의 대상마다 차이는 있지만 전체적인 흐름은 참여와 이용, 게시물에 대한 만족감이 높은 것으로 나왔다. 특히 인터뷰 조사를 실시한 공동체의 경우, 운영진들 이외에 별도의 회원들과도 접촉을 해 보았는데 이들도 비슷한 응답을 했다. 이는 Ⅳ장의 설문조사의 결과와 비교해보면, 사이버 공동체 참여자들은 사이버 공동체의 이용성을 높게 생각하고 게시되는 글이나 활동에 만족한다는 응답이 54.7%이었고 보통이라는 응답까지를 포함하면 긍정적이거나 최소한 보통 수준이라는 응답이 91.9%로 나타났다.

그러나 이를 세분화해 보면 약간의 차이는 존재한다. 취미형 공동체인 〈티테이블〉은 주요 게시판 중 하나인 '홍차 이야기'의 2004년 11월 동안 전체 88건의 글이 게시되었는데 모든 글에 응답 글이 올라와 있으며 이에 대한 감사의 응답 글도 이어져 있다. 세부적으로 보면, 문의와 질문(홍차 구입관련 문의 포함)이 45건, 이용후기 15건, 기타로 구분된다. 특히 몇몇 질문자들은 1개월 사이에 3~4건의 관련 문의를 했는데 내용 역시 홍차구입과 관련된 문의와 구입처 문의가 가장 많았고 거의 대부분의 글에 적게는 2개에서 많게는 13개까지 응답 글이 달려 있었다. 이용자들의 만족도는 결국 활발한 의사소통과 정보의 유용성을 통해서 이루어진다는 점을 감안하면 공동체 내의 게시판 활동은 이

용만족과 게시물에 대한 신뢰의 증진을 가져올 것이다. 아울러 공인된
전문가가 참여한다면 이용성과 만족감은 더욱 높은 것으로 나타났다.
전문가들에 대한 질문과 응답이 많다는 것은 역시 정보에 대한 신뢰성
을 높여주고 이용자들의 만족감도 더욱 커질 것이기 때문이다.

〈표 V-6〉 사이버 공동체의 이용만족에 대한 설문의 응답

구 분	빈도(frequency)	%(percent)
매우 그렇다	61	15.9
그렇다	149	38.8
보통이다	143	37.2
그렇지 않다	29	7.6
전혀 그렇지 않다	2	0.5
총 계	384	100.0

　두 번째로 살펴본 정보형 공동체의 사례연구의 대상은 8개이다. 먼
저, 공동체의 신뢰 및 연대성에 대한 분석은 취미형 공동체와 유사하
다. 정보형 공동체라는 특성에 따라 이용과 게시물에 대한 만족감이
높은 것으로 나왔다. 이는 정보형 공동체가 가지는 일반적인 특성이기
때문에 그리 놀랄 만한 현상은 아닐 것이다. 하지만 인터뷰와 오프라
인 모임참여 과정에서 연구자는 한 가지 특이한 현상을 발견했는데 그
것은 정보형 공동체가 취미형 공동체보다는 신뢰와 연대성이 자기 이
익(self interest) 중심이라는 것이다. 이 같은 현상은 취미형에 비해 상
대적으로 정보형 공동체가 이익이 결합되어 있기 때문일 것이다.[118]
　이에 대해 〈삼성경제연구소 사이버 포럼〉의 운영자는 "정보형 공동체

118) 펀백과 톰슨(Jan Furnback & Brad Thompson)도 사이버 공동체를 단순
한 오프라인의 공동체라기보다는 개인적인 선을 추구하기 위해 모인 '자
기 추구적 개인의 집합체(collectives)'에 불과하다고 보았다. 보다 자세한
내용은 도준호 외.(2000), p.155.

일수록 취미형 공동체보다는 회원들의 관심과 지향에 따른 자발적인 참여로 정보의 습득과 인맥형성이라는 공통의 집합재(collective goods)가 형성되어 있기 때문에 자기이익 중심일 수밖에 없다"고 분석했다.[119] 이는 확대 해석하면 회원 간의 신뢰와 연대감의 형태가 이익 중심적으로 구성된다는 것이다. 또 이런 현상은 정보형 공동체에서 일반적으로 나타난다. 만약 이익관계가 자신에게 좋다는 판단을 하게 되면 그 공동체에 적극적으로 참여하지만 그렇지 않을 경우 바로 탈퇴해 버린다. 따라서 정보형 공동체의 신뢰와 연대감의 기반에는 취미형보다 강력한 자기이익 추구라는 성향이 담보되어 있을 수밖에 없을 것이다.

운영자와 참여자 간의 친밀도와 관련해서도 역시 정보의 양에 따라 구분되었다. 정보형 공동체일수록 적극적인 응답자나 전문가에 대한 신뢰도가 향상되고 그의 발언권이 커진다.[120] 하지만 전반적으로 운영자들과 일반 회원들은 정보의 습득에 만족감을 느끼고 있으며 앞으로도 이런 정보형 사이버 공동체에 적극적인 활동을 하고 싶다는 의사를 표시했다. 〈삼성경제연구소 사이버 포럼〉은 문의메일과 이용성에 대한 반응을 장기간 조사해 본 결과 회원들은 비교적 높은 만족감을 느끼고 있는 것으로 자체 평가하고 있다. 사이버 포럼의 운영자들과 참여자들의 내부적 정보신뢰는 상당히 높은 것으로 나타났다고 한다. 일단 삼성경제연구소 자체의 높은 평판(reputation)으로 인해 자료의 신뢰성이 높고, 실제로 현실에 적용 가능성이 높다는 평가가 많았다고 한다.

세 번째, 친목형 공동체는 그 이용성과 게시물에 대한 신뢰가 모호하게 나타났다. 전체적으로 운영자들과 참여자들의 공동체 이용성에 대해서는 후하게 점수를 주고 있지만, 게시물에 대한 정보신뢰는 중요

---

119) 〈삼성경제 연구소 사이버 포럼〉 운영자 인터뷰(2003년 8월 7일).
120) 이로 인해 운영상 문제점도 발생하기도 한다는데, 많은 정보형 사이버 공동체들은 이를 극복하기 위해 일정 규모 이상이 되면 내부적으로 전문화되고 세분화된 소모임을 운영해 갈등관계를 해소하고 있다고 한다.

한 정보가 없기 때문인지 별다른 반응을 찾을 수 없었다. 이 같은 현
상은 친목형 공동체의 경우, 인맥 또는 개별화된 주제별로 모임이 이
루어지기 때문일 것이다. 분석 대상인 6개의 친목형 사이버 공동체의
게시물은 모두 개인의 소사 또는 잡담과 안부인사 등으로 구성되어 있
다. 〈술모임과 우정〉의 경우, 술을 통한 만남을 중시하기 때문에 모든
게시판에서 개인의 친목과 자기소개, 잡담이 주류를 이루고 있었다.
〈경기대 영자신문사〉나 〈7000번 버스를 타는 사람〉도 비슷한 경향이었
다. 친목형 공동체들은 주요 정보가 서로간의 관계를 유지하기 위한
것들이기 때문에 그 내용에 대한 반응을 확인하기는 어려웠다. 다만
이들 친목형 공동체의 경우 개인별로 고민을 익명으로 이야기하고 해
결하는 공간이 존재한다는 점이 특이할 뿐이었다.

　　마지막으로 사회정치형 공동체 역시 그 성격상의 이유 때문인지 이
용성과 게시물에 대한 신뢰는 상당히 높은 것으로 나타났다. 회원들도
관심을 가지고 있는 지역의 중심적인 사안 또는 다양한 정치·사회적
인 주제에 대한 게시물이 많기 때문에 정보만족감도 높고, 게시물에
대한 신뢰도 높았다.

　　먼저 〈신도림동 대림아파트〉는 사이버 공동체 내에 이웃과의 대화
및 의견교환을 하는 열린 마당과 입주자 대표회, 부녀회 소개 및 건의
사항을 위한 공간이 준비되어 있다. 또 아파트 관리사무소 소개 및 불
편/공지사항을 확인할 수 있는 게시판이 제공되고 있고 아파트 하자
발생 시, 접수 및 처리 결과를 온라인에서 확인할 수 있게 만들어 졌
다. 지역민들의 필요에 따라 자녀들의 공부를 도와주는 학습 도우미
서비스와 인터넷 병원을 구축해 질병/증상 정보와 자가 진단법은 물
론, 이메일(e-mail) 상담을 통한 건강관리가 가능하게 되었다. 또 자동
차 관리정보가 제공되는 등 입주민들에게 필요한 많은 정보를 제공하
고 있다. 이 같은 지역주민들과 밀착된 정보로 인해 그 이용률은 상당
히 높은 편이라고 한다.121)

110

〈노사모〉나 〈개혁국민정당〉과 같은 정치적 성향의 공동체는 게시물에 대한 신뢰가 더욱 높은 것으로 나타났다. 게시판 운영자들이 주기적으로 관심사항에 대한 토론을 유도하고 있으며 중요한 결정사항에 대해 공지를 하고 토론하는 등 적극적인 노력이 감지되었다. 그러다 보니 〈개혁국민정당〉의 한 회원은 "하루만 게시판을 확인하지 않으면 여러 가지 사건이 생겨 나중에 대화할 수 없을 정도"라고 응답하기도 했다. 그만큼 사회정치 공동체의 이용성과 정보에 대한 신뢰는 높은 것으로 나타났다.[122]

(2) 안정적인 커뮤니케이션 통로의 확보

실증조사 결과를 분석해보면, 4가지 형태의 공동체별로 안정된 커뮤니케이션의 확보는 사이버 공동체 모두 가지고 있는 것으로 나타났다. 응답자의 46.9%가 공동체 성원 간 또는 운영진과 적극적으로 정기적인 의사소통을 하고 있다고 응답했고 보통이라고 경우도 27.9%로 긍정적인 응답이 74.8%에 달했다. 카이자승(Chi Square) 검정은 통계적으로 $p < 0.05$ 수준에서 유의하다.

---

121) 한겨레신문 2002년 5월 22일자 참조: 송경재. "한국의 산업화와 사회적 자본 연구", 『신뢰연구』 제12권 1호.(춘천: 한림대학교 학술원, 2002a); 송경재. "사이버 커뮤니티와 사회적 자본 연구", 경희대학교 대학원. 『고황논집』 제31집.(서울: 경희대학교 대학원, 2002b), pp.189-190.
122) 〈개혁국민정당〉 안양 동안구 지구당 당원 인터뷰(2002년 12월 22일; 2005년 3월 7일).

〈표 V-7〉 사이버 공동체의 형태에 따른 정기적인 의사소통

목적별	정기적인 의사소통					합 계
	매우 그렇다	그렇다	보통이다	그렇지 않다	매우 그렇지 않다	
취미형	20(5.2%)	70(18.2%)	51(13.3%)	54(14.1%)	5(1.3%)	200(52.1%)
정보형	8(2.1%)	24(6.3%)	33(8.6%)	26(6.8%)	0(0.0%)	91(23.7%)
친목형	15(3.9%)	35(9.1%)	20(5.2%)	8(2.1%)	1(0.3%)	79(20.6%)
사회정치형	1(0.3%)	7(1.8%)	3(0.8%)	3(0.8%)	0(0.0%)	14(3.6%)
계	44(11.5%)	136(35.4%)	107(27.9%)	91(23.7%)	6(1.6%)	384(100%)
Chi Square=23.695 p<0.05						384

세부적으로 보면, 상대적으로 사이버 공동체 참여자들은 정기적으로 의사소통을 한다는 의견이 취미형과 정보형 공동체의 경우 정규분포 내지는 약간의 긍정적인 경향이 나타나지만 친목형과 사회정치형 공동체는 보다 긍정적인 경향이 많이 나타난다. 이 결과는 사례연구의 결과와도 크게 어긋나지는 않았다. 분류별로 취미형 공동체는 대부분 일주일에 시간을 정해 놓고 정기적인 온라인 채팅(on-line chatting)을 하고 일부 오프라인에서 안면 있는 회원 간에는 서로 이메일을 교환한다거나 전화를 주고받는다. 그러나 많은 참여자들과 운영자들은 오프라인 공동체와 달리 별도의 회원명부를 만들거나 이를 활용하려는 생각은 없었다.

정보형 공동체 역시 취미형 공동체와 유사한 형태로 나타나지만 보다 적극적인 형태를 보이고 있었다. 정보형 공동체 중에서 오프라인과 온라인 활동을 병행하는 사이버 공동체일수록 자신들 간의 친목을 위한 다양한 세미나, 회의, 모임을 별도로 진행하고 있기 때문이다. 정보형 공동체 중의 하나인 〈M&A 파워포럼〉이나 〈웹사이트 평가그룹〉,

112

〈! 중국 e-biz !〉의 경우에는 보다 적극적인 온라인 및 오프라인 활동을 통해서 가시적인 인맥 네트워크의 형성까지 도모하고 있었다.

그렇지만 친목형 공동체의 안정적인 커뮤니케이션 통로의 확보는 앞서 두 형태보다 강하다. 그 이유는 집단의 성격이 친목도모이기 때문에 적극적인 연대와 교류의 통로가 필요하기 때문일 것이다. 〈술모임과 우정〉이나 〈지하철 5호선〉은 오프라인 모임에 한번 참석하면 휴대용 전화번호를 기재하고 다음 모임이 결정되면 문자메시지 공지까지 한다. 또 동문회 성격을 가지고 있는 〈아이러브스쿨〉이나 〈경기대 영자신문사〉 역시 안정적인 커뮤니케이션 확보에 상당한 노력을 기울인다. 온라인의 이메일 주소나 게시판뿐만 아니라 휴대전화나 집 또는 직장주소를 게시판에 공유하고 필요나 친분에 따라 활용하고 있었다. 운영진의 경우에도 정기적으로 회원들과 연락을 취하면서 동문회 관련 문제들을 이야기하기도 한다.

마지막으로 사회정치형 공동체도 보다 안정적이고 다각적인 커뮤니케이션의 통로를 가지고 있다. 문자 메신저 등 온라인 연락이 주를 이루고 있기는 하지만 오프라인 연락도 동시에 진행하고 있다. 아울러 지역모임의 경우 별도의 소모임을 형성함으로써 공동체 내의 또 다른 형태로 분화하고 전체적으로 사이버 공동체 내부의 활력을 가져온다. 〈신도림동 대림아파트〉는 지역 아파트를 대상으로 해서인지 내부적으로 인터넷 무료전화 기능에 세대별 홈페이지 구축을 통해서 지역민들과의 커뮤니케이션 기능을 확보하고 있었다.[123]

---

123) 입주자 대표회 김영빈 회장은 한겨레신문과의 인터뷰에서 홈페이지에 입주자 대표회나 부녀회 쪽으로 올라온 질문사항에 빨리 답변을 못해주면 입장이 곤란해질 정도이고 이를 통해 아파트 관리 등 단지 내 공동생활과 관련된 모든 일이 투명하게 처리되는 효과를 얻었다고 밝히고 있다. 보다 자세한 내용은 송경재.(2002b), pp.189-191 참조.

(3) 회원 간 또는 운영진 간의 연대감

회원 또는 운영진 간 연대감은 인터뷰나 설문조사에 참여한 이들 모두 높다고 응답을 했다. 그리고 참여하는 사이버 공동체가 공통의 관심사와 연관되어 있기 때문에 대부분의 운영자와 참여자들의 친밀도도 상대적으로 높은 수준을 유지하고 있었다. 아마도 이는 공통의 관심사에 대한 연대감이 형성되어 있기 때문에 그에 대한 해답을 얻는 과정에서 심리적인 만족감이 더욱 큰 것으로 풀이된다. 이 경향은 인터뷰 과정에서 나타난 몇 가지 사례에서도 확인되었다.

"같은 취미를 공유하고 있기 때문인지 몰라도 오프라인 모임만이 아닌 온라인상에서만 접촉을 해도 쉽게 친해진다."

(티테이블 운영자, 2003년 9월 4일)

"정기 채팅과 토론을 하게 되면 오프라인의 모임과는 달리 단기간에 서로간의 이해의 폭이 넓어진다."

(책친구 운영자, 2005년 4월 17일)

"회원 한 명 한 명 모두가 우리 지하철 5호선에 대한 애정과 관심이 대단합니다. 동호회를 아끼는 마음을 '5호선 바이러스'라고 표현할 정도로 모두의 열정이 대단합니다."

(지하철 5호선 회원, 2003년 12월 11일)

그렇지만 역시 구성이나 참여자들의 성격에 따라 세부적으로 약간 다른 현상들이 발견되었다. 그것은 연대감의 성격에 대한 부분이다. 취미형이나 친목형은 상대적으로 연대감이 강하게 형성되지만 이들의 연대감은 감성적인 성격이 강하다. 반면 정보형과 사회정치형 공동체는 이성적인 연대감이 높다. 그래서 취미형과 친목형 공동체는 친밀감에 따라서 내부적으로 강한 연대(strong ties)나 약한 연대(weak ties)가 형성되었지만 정보형과 사회정치형은 자신의 지향과 목적에 따라 분명한 구분이 나타났다.

공통점도 많다. 물론 운영자들과 적극적인 참여자들의 인터뷰이기 때문에 그 내용을 일반화하기는 무리가 있지만 내부적으로 활동이 많을수록, 운영진의 사업내용이 많을수록, 연대감은 커지는 것으로 나타났다.[124] 그 이유에 대해 〈책친구〉의 한 정기모임 참여자는 "오프라인 공동체의 경우 일정한 보수도 받는 데 비해 사이버 공동체 운영진은 어떤 대가도 없이 우리 공동체를 위해서 노력한다. 따라서 그들이 많은 행사를 준비하고 새로운 시도를 하면 내가 참여하더라도 항상 고마움을 느끼고 그래서인지 항상 행사가 끝난 후에는 자원봉사자들과 운영진들에게 감사의 글이 게시판에 올라오곤 한다."[125] 이 같은 사실은 〈책친구〉의 정모 후기 게시판에서도 확인되었다. 상당수의 오프라인 모임 후기 작성자들은 운영진들과 행사를 준비해준 자원봉사자들에게 감사의 메시지를 남겼다.

이러한 반응은 사회정치형 공동체도 마찬가지이다. 대표적으로 〈남산타운 21〉은 운영자가 개인으로 지역사회의 참여를 증진하고, 보다 살기 좋은 지역으로 만들기 위해 만들었다. 〈남산타운 21〉은 개인이 운영한다는 한계점에도 불구하고 지역발전이나 지역 공동체 형성에 있어 큰 기여를 하고 있다. 이 공간에서는 시민들의 다양한 의견이 나오고, 이러한 자발적인 참여가 서로간의 토론과 공론화 과정을 거쳐 남산타운 공동체의 발전을 가져온다는 것을 시민들이 스스로 알고 있다는 점은 〈남산타운 21〉의 지역에서 차지하는 지위와 역할을 확인케 해 준다. 이는 공동체 운영과 관련한 어려움을 겪는 운영자에 대한 격려로 이어지고 자신들도 같이 참여할 것임을 나타내는 게시물에서 다양하게 발견된다.

---

124) 이와 관련한 보다 많은 사례는 프리랜서 그룹 이채, 『다음카페 100』(서울: 이채, 2003)에 자세히 설명되어 있다. 다음카페의 주요 100개 사이버 공동체에 대한 간략한 소개와 활동이 제시되어 있어 운영과 신뢰 및 연대감 형성 간의 상관성을 확인해 준다.
125) 〈책친구〉 회원 인터뷰(2005년 2월 22일).

저는 남산타운21.com 문을 열 때부터 열심히 검색하며 또는 간혹 참여도 하는 주민입니다. 그동안 우리의 언로(言路)인 남산타운21.com이 어려운 주민의 마음을 대변해 주었다는 사실은 우리 주민이 다 아는 사실이며 현상입니다. 그러나 이곳에 올려진 요즘의 일련의 문제들을 볼 때 그동안 수고해 주신 운영자 공수진님의 마음이 어떨까 짐작되어 집니다.

그동안 남산타운에 시끄러운 일, 궂은 일, 또는 좋은 일들이 이곳에 올려지면서 사람 사는 모습이 이런 것이구나 생각한 적도 있었습니다. 우리 주민의 말할 권리와 말할 수 있는 장을 열어주신 운영자 공수진 님께 위로를 드리고 싶어 이 글을 쓰게 되었는데 참 뭐라고 말씀 드려야 하나 송구한 생각이 듭니다.

우선 감사하단 말씀을 드리고 앞으로 힘내서 열심히 우리 홈피를 운영해 주실 것을 믿어 의심치 않습니다. 여러 가지 어려운 일이 있더라도 저와 같은 주민이 많다는 것을 알아주시고 힘을 실어 드리고자 이 글을 남깁니다.

(〈남산타운 21〉 게시판. 게시일: 2003년 8월 27일)

정보형 공동체 역시 취미형 공동체보다는 전문적인 내용이 담보되고 있기 때문에 참여자들과 운영진 간의 연계는 긴밀하게 형성된다. 〈삼성경제연구소 사이버 포럼〉은 포럼을 통해서 형성된 인적 네트워크(human network)를 활용해 별도의 웹 사이트 평가와 같은 연구 프로젝트를 수행하거나 회원을 자사에 스카우트하기도 하는 등 온라인과 오프라인을 넘나드는 적극적인 교류의 장으로 활용하고 있다. 또 PDA 생산 기업에서 운영하는 〈셀빅〉은 사이버 공동체에서 적극적으로 활동하는 회원을 채용하고 공동체 내에서 신제품 출시전략을 같이 수립하는 등 적극적으로 활용하고 있다.[126]

---

126) 정보형 공동체 참여자들은 특히 사이버 공동체를 정보와 지식을 연결해주는 매개체며, 사람들 사이를 이어주는 다리이자 동반자요, 친구로 규정하고 있다. 그리고 이러한 공동체를 통해서 학연이나 지연, 혈연 등 기존의

116

참여자들의 정보욕구도 강하고 고급 정보를 제공하다 보니 이들 간의 관계 형성에 상당히 적극적이라는 것이 인터뷰에 응한 20여 명 운영자들의 공통된 평가다. 자체적으로 진행되는 세미나나 정기 모임에도 참여하고 공동체 운영진이 결정하는 일에 호응도 높은 특징을 보인다. 그리고 인터뷰에 응답한 운영진들은 자신들의 이익에 부합되기 때문인지 다른 취미형 공동체에 비해 능동적으로 모임에 참석하고 지식을 습득한다고 밝혔다.

정보형 공동체 중에서 〈삼성경제 연구소 사이버 포럼〉에 대한 사례 연구 과정에서 특별한 현상이 발견되었다. 이 사례는 〈디시인사이드〉의 경우에도 비슷하게 드러난다. 그것은 정보형 공동체들은 취미형 공동체보다 자신들 또는 자기가 속해 있는 집단의 이익을 중심으로 신뢰와 연대감이 형성되기 때문에 배타적인 형태로 발전할 가능성도 있는 것이다. 마치 친목형의 동문회와 마찬가지로 내부적으로는 활발한 교류와 신뢰를 가지지만 외부 성원에 대해서는 배타적인 경향을 보이는 것과 마찬가지라고 할 수 있다.

당초 삼성경제연구소에서는 사이버 포럼의 활성화를 위해 초창기부터 연구소에서 운영되고 있는 소모임을 모두 온라인에서 활동하는 것을 권장했다고 한다. 그런데 포럼 운영자에 따르면, 결과적으로 온라인으로 전화한 대부분의 소모임은 활발한 활동을 못했다고 한다. 반면 온라인에서 자생적으로 형성된 연구회나 포럼은 오히려 오프라인 활동을 강화하면서 활발한 활동을 전개하고 있다고 한다. 이 같은 차이는 앞서 집단행동 이론에서 확인한 바와 같이 조직의 폐쇄성과 관련이 있는 것으로 분석된다. 오프라인에 기반한 연구회는 이미 자체적으로 동질성이 확인된 회원 간의 모임이기 때문에, 고급정보에 대한 무임 승

인맥을 뛰어넘는 새로운 인적 네트워크를 창출할 수 있게 됐다고 평가하기도 한다. 자세한 내용은 황홍식, 『학연 지연보다 강한 디지털 인맥』(서울: 영진.COM, 2003) 참조.

차자(free rider)를 꺼리는 특징을 가지고 있다. 그리고 자신이 최고의 전문가이기 때문에 별도의 정보교환이 필요 없다는 의식도 작용했다고 한다. 오프라인 중심의 기존 삼성경제연구소 소모임들은 온라인적인 가치관을 가지지 못한 폐쇄적인 조직이었기 때문에 온라인 활동이 어려울 수밖에 없었던 것이다. 반면, 온라인에서 형성된 연구회와 소모임은 이와는 다른 형태이다. 그들의 사이버 공동체 연구회의 참여의도 자체는 정보를 수집하고, 자신에게 필요한 정보를 공유하고 자신의 정보를 제공하는 것을 목적으로 했고 부수적으로 새로운 인간관계 네트워크를 형성하는 것이었다. 때문에 내부적으로 연대감도 강하고 정보에 대한 신뢰감도 높은 수준에서 형성된 것으로 평가된다.

이는 디지털 카메라에 대한 정보형 공동체로 시작해서 복합적인 성격을 띠는 〈디시인사이드〉에도 존재한다. 〈디시인사이드〉는 내부적으로 신뢰와 연대감의 형태가 기존 사이버 공동체와는 다른 형태로 나타난다. 자신의 관심사에는 적극적으로 반응(response)하지만 관심에서 멀어지면 철저히 외면해 버리는 무관심한 형태로 나타난다. 사실 〈디시인사이드〉의 문화는 2002년 사이버공간을 뜨겁게 달구었던 이슈 중의 하나이다. 이들은 스스로를 '횅자'또는 '페인'을 자처하며 '아횅횅' 이라고 하는 댓글(리플달기) 현상을 만들었고, 이로 인해 '인터넷 10대 뉴스'에 빠지지 않고 등장할 정도로 사회적으로 반향을 일으켰다. 〈디시인사이드〉는 자체적으로 진화하면서 그들만의 독특한 공동체 문화를 형성했고 페인들이 주도하는 댓글 문화는 하나의 유행이 되었다. 그들의 활동양식은 디지털 카메라로 찍은 사진을 올리면, 일시에 수백 개, 수천 개의 댓글이 올라오는데 한 열성적인 회원은 "지금은 디지털 사진보다 댓글 달기에 더욱 흥미를 갖고 몰두하는 이들이 많다"고 말할 정도로 확산되었다.127) 이 같은 댓글 달기 기능은 다른 인터넷 사이트

127) 심지어는 횅자를 자부하는 페인들은 〈디시인사이드〉를 떠나 새롭게 인터넷 곳곳에 아횅횅의 공간을 만들어가고 있다. 다음(www.daum.net)에만

118

와 사이버 공동체에서 확산되어 지금은 보편적으로 자리를 잡았다.

〈디시인사이드〉는 새로운 사이버 문화를 만들어 내는 성과를 보였지만, 반대로 개인이 공동체에만 몰입됨으로 사회로부터 고립되고 자신들만의 만족을 추구하는 파편화와 왜소화되는 문제점을 드러내기도 했다. 대표적으로 자신들을 '햏자'로 자처하면서 모든 것을 일반인들과는 다른 형태로 발산하기도 한다. 이들의 '주침야활(晝寢夜活)', 그리고 라면을 주식으로 한다는 '면식'은 개별화된 인간의 모습을 보여주는 하나의 사례다. 〈디시인사이드〉의 이 같은 모습은 초기 사이버 공동체 내의 내부적인 연대감이 형성되기는 하지만 결국 자신들만의 문화적 현상에 따른 고립화에 다름 아닌 것이다.128)

이 같은 현상은 친목형 공동체에서도 발견된다. 친목형 공동체의 한 유형인 동창회 공동체는 신뢰와 연대감의 형성을 통해서 사회적 자본 형성에 한편은 부정적으로, 다른 한편으로는 긍정적인 영향을 미친다. 부정적인 영향은 동창회 사이버 공동체의 확산으로 한국의 사회구조가 위계적이고 학연, 혈연, 지연에 근거하여 확산되고 있다는 점이다. 이는 앞서 〈디시인사이드〉와 마찬가지로 폐쇄적인 형태로 연결될 가능성이 크다. 또 서열과 기수문화가 다시 등장하는 병폐를 낳기도 한다. 내적인 연대(solidarity)는 강한 반면 외부 집단에 대해서는 속성상 폐쇄적이며 내부 규범도 나이나 학번, 기수라는 위계적인 구조를 가지고 있다. 이 유형은 전형적으로 내적인 신뢰와 연대감은 강하지만 자신들만의 집단 결속력 때문에 다른 집단을 배제하는 '결속형 사회적 자본(bonding social capital)'의 한 단면을 보여준다. 그렇지만 긍정적인 기능도 있다. 동문회는 공식 조직(formal organization)보다 상대적으로

60개의 관련 카페가 개설됐고, 아햏햏 닷컴(ahehheh.com)이라는 햏자 전문 사이트는 회원 수만 3만 명에 이른다(한겨레 21, 2002년 9월 11일).
128) 그렇지만 최근 〈디시인사이드〉는 다양한 사회참여의 공간으로도 발전하고 있다. 특히 인터넷 시민운동의 영역으로 정치토론방과 과학토론방의 활성화로 인해 많은 이들의 관심을 받고 있다.

자유로운 의사교환이 이루어지고 어떨 때는 다른 공동체와 달리 내부의 정보를 적극적으로 공유하기도 한다. 내부적으로 형성된 신뢰와 연대로 구성원들 간에는 이익을 보기 때문에 그것은 나름대로의 강점이라고 할 것이다.

2. 규범 및 규칙

(1) 명문화된 회칙의 존재 여부와 회원 공지

연구대상인 공동체의 경우 모두 내부적으로 운영하는 규칙이나 규범이 있었다. 일부에서는 명문화되지 않은 곳도 있지만 대부분이 규범이나 규칙이 성문화된 형태로 존재했다.[129] 앞서 설문조사 결과도 문서화된 규칙이나 규범이 존재한다는 경우가 응답자 384명 중에서 79.2%로 나타나 대부분의 사이버 공동체들은 성문화된 규칙과 규범을 가지고 있는 것으로 조사되었다.

사례연구의 결과는 이 같은 설문조사에서 밝혀지지 않았던 많은 내용들을 추가적으로 확인할 수 있었다. 사이버 공동체는 일정기간이 경과하고 회원 수가 많아지면 규칙이나 규범의 형태가 등장한다. 단기적으로 형성된 공동체의 경우 소규모 형태이거나 필요성을 느끼지 못하기 때문에 형성되지 않은 경우도 있지만, 장기적으로 존속하고 대형화될수록 규범 및 규칙이 형성되었다. 운영진들은 이 같은 변화의 시기를 회원 수 1,000명선으로 규정하고 있다. 즉 1,000명이 넘으면 그때부터 공동체의 활동이 왕성해지기 때문에 규칙이 필요하다는 것이다.

---

129) 〈술모임과 우정〉, 〈경기대 영자신문사〉, 〈지하철 5호선〉, 〈쇠주에 삼겹살〉, 〈7000번 버스를 타는 사람〉 등에서는 체계적인 규칙이나 규범이 공식적으로 게시되지는 않았지만 공지와 금지사항의 형태로라도 존재한다.

운영진들은 처음부터 규칙을 만들려는 생각은 없었다고 한다. 원래 취미형의 경우 소규모로 시작하게 되는데 굳이 규칙을 만들 필요성을 못 느끼고 이는 정보형 역시 마찬가지였다. 그러나 친목형의 경우는 약간 다르다. 친목형 공동체는 이미 기존에 존재하는 모임이 온라인으로 발전한 경우 회칙이 이미 존재한다. 그리고 온라인에서 발전한 경우라도 오프라인 모임이 시작되면 회칙이 만들어진다. 이는 친목적인 성격이 강한 특징 때문인 것으로 파악된다.

규칙이나 규범이 자연 발생적으로 형성된 사례와 목적의식적으로 만들어진 두 가지 사례를 비교해 보도록 하겠다. 양자간에는 공통점과 차이점이 존재하는데 〈책친구〉의 사례와 〈노사모〉의 사례를 통해서 규칙형성의 과정을 보도록 하겠다.

〈책친구〉는 초기에 일정한 규칙이나 규범이 없었지만 카페가 만들어진 지 3년이 넘어서면서 자생적으로 형성된 규칙과 규범이 공유되고 있다. 규범과 규칙의 형성과정은 나쁜 경험과 필요성이 동시에 작용했다. 과거 〈책친구〉 내에서는 일부 회원들이 다단계 판매의 피해를 입기도 했었고, 그 과정에서 공동체 내의 신뢰와 연대가 붕괴될 위기도 있었다고 한다. 위기과정을 극복하면서 자율적으로 생성된 규범들이 만들어졌고, 중심적 참여자들은 이를 공유하고 회원들에게 공지했다고 한다. 예컨대 광고 게시물의 금지, 회원 간 상업적 행위의 금지, 회원 등급제, 청소년 회원에 대한 배려, 오프라인 모임 또는 소모임을 만들 때 그 목적 공지 등이 대표적인 규범과 규칙이다. 이를 어길 시는 운영진이 회원들에게 공지한 후 강제 탈퇴조치를 한다.

하지만 〈노사모〉는 처음부터 목적의식적으로 회칙이 만들어진 경우이다. 정치인 팬카페인 〈노사모〉는 노무현이 2000년 총선에서 부산에서 낙선한 지 54일 만에 정치조직과 무관한 평범한 네티즌들이 자발적으로 이루어낸 결실이었다. 이들은 2000년 5월 7일 전국준비모임 이후 공식 홈페이지가 만들어졌고 곧바로 조직을 정비했다. 과정에서 〈노사모〉는 의사결정 과정의 중요한 룰(rule)을 마련하게 되는데 이른바 전자투표 방식이다.[130] 〈노사모〉의 1차 전자투표 상정 안건은 창립총회 개최 일자였고, 2차 전자투표는 노사모의 약속(회칙) 안건이었다. 회칙과 관련한 투표는 2가지 안건이 공지되었다. 회원인 박남수와 꽃다림(심정숙)의 의안이 전자투표에 부쳐졌다. 결국 전자투표과정에서 꽃다림의 의안이 2표 차이로 채택되었다. 주요 내용은 다음과 같다.[131]

노사모의 약속
1. 나는 노무현과 함께 우리나라의 왜곡된 지역감정의 극복에 동참한다.
2. 참된 민주주의의 발전을 위하여 우리 노사모 회원들과 함께 결정한 활동에 자발적으로 동참한다.
3. 노사모의 약속과 노사모의 활동이 기록된 관례가 회칙을 대신하며, 이 약속과 관례는 노사모의 전자투표만으로 바꿀 수 있다.

2002년에 개정된 〈노사모〉의 약속은 꽃다림 안으로부터 발전한 것이다. 물론 이후 〈노사모〉의 약속이 보완되고 세부적인 회원 규약이 추가되었지만 기본 정신은 자발적인 참여와 느슨한 연대(weak ties)에 있음을 확인할 수 있다.

정도의 차이는 있지만 사이버 공동체의 규칙 제정은 이상의 두 가지 형태를 기본으로 발전했다. 이상의 두 가지 경로를 거치면서 형성된 규범과 규칙은 각기 길은 다르지만 중요한 원칙이 공통적으로 발견된

---

130) 전자투표는 〈노사모〉 운영의 중요한 사안에 대한 의사결정 방법으로 최고의 의결기관 역할을 한다. 〈노사모〉의 회원은 자신의 ID와 비밀번호를 통해 1인 1표로 전자투표에 참여할 수 있다. 결정방식은 단일안은 반수 이상, 복수는 다수표로 채택된다.
131) 노혜경, 『유쾌한 정치반란 노사모』(서울: 개마고원, 2002), p.25; 고영만, "인터넷과 정치참여 – 노사모의 사례를 중심으로", 서강대학교 정치외교학과 석사학위논문(2002) 참조.

다. 그것은 구성원들의 합의(consensus)를 바탕으로 형성된다는 점이
다. 일부는 운영진이 처음부터 규칙을 제정한 경우도 있지만 그 경우
에도 다수의 참여자들이 공유할 수 있는 형태로 나중에 개정된다. 하
지만 이 역시 몇 가지 문제는 있다. 회칙이 추인 받거나 개정과정에서
몇몇의 주도적인 회원들만 참여한다는 것이다. 이를 개선하기 위해서
는 운영진들의 보다 적극적인 노력이 필요하겠지만 아직 규칙제정을
위해서 그 정도까지의 노력은 하지 않는 것으로 보인다.

(2) 규칙의 위반자에 대한 처벌과 제재 여부

앞서 설문조사의 결과에서 이 항목은 상당히 분산되어 나타났다. 사
이버 공동체에 활동하는 네티즌들은 규칙 위반자의 처벌에 대해 그다
지 관심이 없기 때문이다. 사실 이 같은 현상은 사례연구 과정에서도
나타났다. 대부분의 공동체 참여자들이 이에 대한 고민이 없었음을 알
수 있었다.

〈표 Ⅴ-8〉 '규칙 위반자에 대한 처벌을 한다'라는 설문의 응답

구 분	빈도(frequency)	%(percent)
매우 그렇다	32	8.3
그렇다	111	28.9
보통이다	97	25.3
그렇지 않다	115	29.9
전혀 그렇지 않다	29	7.6
총 계	384	100.0

취미형 공동체 참여자들이 규칙을 위반했을 때의 대응은 두 가지로
구분되었다. 소규모일 경우에는 직접 경고이고, 대형화되면서 1차 공지
후 강제탈퇴의 방법을 선호하고 있다. 이 역시 사이버 공동체가 대형

화되는 과정에서 나타난 현상일 것이다. 정보형의 경우도 이와 비슷한 형태로 운영되고 있다. 그러나 사회정치형 공동체는 당연하게 앞서의 두 가지 형태보다는 가입과 탈퇴 그리고 규칙위반자에 대한 대응이 세밀하게 규정되어 있었다.

공동체의 분류에 따라 차이가 나는 이유는 공동체가 가지고 있는 특성 때문일 것이다. 취미형과 정보형, 친목형 공동체는 상대적으로 가입과 탈퇴가 자유로운 형태이기 때문에 규칙위반자 문제가 생기면 강제탈퇴의 방법을 사용한다. 하지만 사회정치형 공동체는 규칙위반자에 대해서 세부적으로 규정을 하고 있다. 대표적으로 〈노사모〉와 〈개혁국민정당〉의 경우 회비납부에 따라서 회원의 권한을 제한하고 있다. 그러나 지역사회 단체인 〈수지시민연대〉나 〈남산타운 21〉은 이와 달리 개방적인 구조로 운영되고 있다. 이러한 차이에도 불구하고 사회정치형 공동체는 상대적으로 다양하고 세부적인 규칙을 통해서 조직을 운영하고 있었다.

친목형 공동체 중에서 동문회나 동창회의 경우도 이와 유사한 형태를 보인다. 특히 별도의 회비를 모집하는 경우에도 이는 강화되는데 비록 취미형이나 정보형 공동체일지라도 회비로 운영을 하는 경우에는 반드시 보완장치를 마련한다는 공통성을 보인다.

(3) 분쟁 발생에 대한 대처방안

연구대상 사이버 공동체 중 사회정치형을 제외한 다른 공동체들은 분쟁발생에 대한 대처는 별도로 마련된 것이 없었다. 취미형, 친목형과 정보형 공동체 공히 비슷하게 나타났다. 친목형 공동체 중의 하나인 〈술모임과 우정〉의 운영자와 일반 회원에게 앞으로 공동체의 분위기를 어지럽히거나 내부적으로 분쟁이 발생하면 어떻게 할 것이냐는 물음에 운영자들은 별다른 대답을 하지 못했다. 대부분 1차로 경고하고 그래도 듣지 않는다면 2차로는 강제탈퇴를 시키겠다고 했지만, 한편으로는 회원들을 믿기 때문에 그런 분쟁이 일어나지 않기를 바란다고만 했다. 이 같은 응답은 〈책친구〉나 〈티테이블〉같은 취미형 공동체나 〈빈폴, 폴로 매니아〉, 〈삼성경제 연구소의 사이버 포럼〉의 정보형 공동체 모두 비슷하게 나타났다.

하지만 사회정치형 공동체는 다른 형태로 나타난다. 공통적인 것은 아니지만 각 사이버 공동체별로 내부적으로 해결의 방안을 마련하고 있다는 점이 앞서 3가지 분류의 사이버 공동체들과는 다른 점이다. 회원제로 운영되는 〈개혁국민정당〉이나 〈노사모〉는 처음부터 이에 대해 명확하게 규정했다. 그것은 회원 또는 당원의 투표에 의해서 조정을 한다는 것이다. 〈수지시민연대〉 역시 모임의 총회를 통해서 갈등을 해결한다고 한다. 하지만 개방제로 운영되는 〈남산타운 21〉은 사이버스페이스상의 모임이기 때문에 갈등이 발생하면 토론방을 개설한다고 한다. 아예 토론방을 활성화시킴으로 해소의 공론장으로서 활용하고 가능한 분쟁의 발생을 내부적으로 조정하는 방법을 선호하고 있다.

3. 네트워크

(1) 사이버 공동체 내부의 의사결정 과정

사이버 공동체 내부의 의사결정 과정은 연구대상 공동체별로 각기 상이한 모습을 보였다. 그렇지만 공통적으로 많은 공동체 운영자들과 참여자들은 자신이 속한 사이버 공동체가 민주적이라고 생각하고 있었다. 이는 앞서의 계량조사의 결과와도 일치하는데 '매우 그렇다'라는 응답자가 17.7%와 '그렇다'라는 응답자가 46.1%로 나와 긍정적인 대답을 한 경우가 63.%에 달했다. 반면 '전혀 그렇지 않다'는 응답자는 1명도 없었다.

〈표 V-9〉 자신이 속한 사이버 공동체가 민주적이라는 설문의 응답

구 분	빈도(frequency)	%(percent)
매우 그렇다	68	17.7
그렇다	177	46.1
보통이다	113	29.4
그렇지 않다	26	6.8
전혀 그렇지 않다	0	0.0
총 계	384	100.0

이 같은 공동체 참여자들의 경향은 사례연구 과정에서도 어느 정도 확인되었다. 그리고 상당수의 사이버 공동체 참여자들은 자신이 적극적으로 참여하는 공동체는 형태에 관계없이 의사결정 과정이 민주적이라고 생각하고 있다.

하지만 사례연구의 과정에서 나타난 실제현상은 반드시 그렇지만은 않았다. 우선, 운영진 선출이 민주적인 과정을 거치지 않은 경우가 대부분이었다. 주된 방식은 전임자가 후임자를 추천해서 추인을 하는 방법이나, 다수의 추천에 의해서 결정하는 방식이 선호되는데, 이 두 가지 모두 회원들의 참여가 저조하다는 문제가 있다. 공동체의 참여자들은 운영진 선출에 있어서는 상당히 무관심한 것으로 나타났다. 인터뷰 과정의 한 운영진은 의미심장한 말을 했다. 그는 "오히려 규칙을 제정할 때는 응답 글이 수십 개가 올라왔는데 운영진 선출과 관련된 것은 불과 십여 개에 그쳤다. 그것도 대부분 찬성의 의견이 주류였다. 그런데 야유회 장소와 관련된 의견수렴은 가장 많은 응답 글이 올라 왔었다."

다른 문제점은 적극적 참여자와 비적극적 회원 간의 참여의 차이이다. 비록 형식적으로 민주적 방식으로 운영된다고는 하지만 사회정치

126

형 공동체를 제외하고는 적극적 참여자들과 비적극적 참여자들 간의 차이가 크다. 민주적인 운영을 하는 공동체일지라도 그것이 절차상의 민주적인 운영을 위한 노력을 했다는 것이지, 실제로 구성원 반수 이상의 의견이 취합된 것은 아니다. 이런 점은 결국 적극적 참여자들만의 의견이 주류로 반영되었을 가능성이 있다. 따라서 사이버 공동체의 참여자들이 느끼는 민주적인 운영과 실제 운영은 약간의 차이가 있을 수 있다. 다만 불만이 표출되지 않았을 뿐이다. 이에 대해 공동체의 운영자는 "카페의 성격상 일방에 의한 독주가 발생한다면 탈퇴가 높을 것이기 때문에 운영진은 보다 많은 의견을 개진하기 위해 노력하지만 막상 의견을 개진하고자 하면 적극적인 활동 회원 중심으로 진행되기 때문에 쉽지가 않다."고 밝혔다.

서울과 수원 출퇴근 광역 시외버스인 7000번 버스를 이용하는 사람들의 친목형 공동체인 〈7000번 버스를 타는 사람들〉의 경우 정기모임에 관해 운영자가 의견을 묻는 메일을 발송하고 있다.[132) 주된 내용은 모임의 아이디어와 행선지 등 운영 전반에 관한 것이 주류이다. 물론 응답은 그리 높지는 않지만 일방적인 공지보다는 한번 더 회원들 간의 커뮤니케이션을 하고 의견을 수렴한다는 차원에서 신선한 시도로 평가된다. 이 같은 의견수렴 메일은 단순히 친목형 공동체에서만이 아니라 다른 공동체에서 점차 확산되고 있다.

그렇지만 사회정치형 공동체 외에 민주적으로 공동체를 훌륭히 운영하고 있는 사례도 있다. 그중의 하나는 취미형 공동체인 〈붉은 악마〉이다. 〈붉은 악마〉는 알려져 있다시피 온라인에서 형성된 대한민국 축구대표팀 서포터스(supporters)의 모임이다. 〈붉은 악마〉는 조직의 민주적인 운영이 장점이다. 최원기는 수많은 구성원들의 자발적인 참여를 지속적으로 이끌어 낼 수 있는 힘 또한 민주적인 구조와 운영으로

---

132) 한아진. "7000번 버스를 함께 타는 사람들", 오마이뉴스 73호, 2003년 10월 2일 참조.

부터 기인하고 있다고 지적했다. 〈붉은 악마〉의 폭발적인 성장은 과거 PC통신으로부터 오늘날 인터넷에 이르기까지 광범위한 사이버스페이스에서 이루어지는 의견수렴과 운영진에 대한 민주적 선출과정 등이 결합해 차원 높은 민주적 운영시스템이 바탕이 된 것이다.[133]

　〈붉은 악마〉의 조직 구성을 보면 회장과 부회장, 감사, 운영위원회와 대의원회를 두고 있으며 운영위원회 산하에 전문위원회와 사무국, 권역별 지부, 가맹단체를 두고 있다. 사무국은 〈붉은 악마〉의 일상적인 업무를 담당하는 곳으로, 경기 및 행사를 준비하고 지부의 활동을 지원하고 선출은 회원들의 선거를 통해서 집행부를 구성한다. 또한 회원의 의견수렴과 참여도 체계적으로 이루어지는데 이는 초기조직의 구성과 관련되어 있다. 〈붉은 악마〉의 하부조직 구성에 있어 공식적으로는 4개 지부와 1개의 특수지부로 구성되어 있다. 지부는 서울/경기지역을 관할하는 수도권지부, 충청권의 중부지부, 전라권의 호남지부, 경상권의 영남지부로 구성되고, 1개의 특수 지부는 제주도이다. 수도권 소모임의 경우 20여 개의 클럽이 별도로 운영되고 있다. 그리고 지부 산하에 도시별 모임(지회)이 개설되어 있고 소속클럽이 망라되어 있어 회원의 공식 소속 모임은 주 활동지역에 따라 결정된다. 지부는 평상시 해당 권역의 온라인과 오프라인 모임 및 행사를 총괄하게 되며, 특히 경기가 해당 지부에서 열릴 경우에는 주도적으로 준비한다. 회원들은 지부/지회 및 지역 소모임에 가입하고, 〈붉은 악마〉 온라인 사이트에서 주요 소식은 온라인 활동을 통해서 얻는다. 보다 적극적인 이들은 활발한 활동에 참여하기도 하고 관심 있는 클럽에서 하부 소모임 활동을 할 수도 있다.

---

133) 현대경제연구원. "R세대의 등장과 국가·기업의 과제."(서울: 현대경제연구원, 2002); 최원기. "한국의 문화변동과 신문화운동으로서의 '붉은 악마' 응원문화". 사회과학원 편. 『계간 사상』 2002 여름호, (서울: 2002), pp.179-180 참조.

이런 조직 구성 체계로 인해 소모임은 〈붉은 악마〉를 움직이는 골간 조직이자 회원의 의견이 수렴되는 초보적인 참여공간이 된다. 소모임 활동을 통해 사이버 공동체의 운영에 회원들의 참여가 가능해지고 활발한 의견교환이 이루어진다. 결국 참여의 활성화를 통해서 사이버 공동체의 민주적인 운영의 만족감은 향상된다는 것이다. 이른바 효능감(efficacy)의 발생인 것이다. 〈붉은 악마〉의 사례는 조직과 형식을 만드는 것도 민주적인 운영에 있어 중요한 것임을 확인할 수 있다. 즉 처음에 준비하는 이들의 노력 여하에 따라 이후의 공동체의 운영방식이 결정될 수도 있다는 것을 확인해 주고 있다.

사회정치형 공동체는 의사결정 과정의 민주성이 더 잘 나타난다. 오프라인에서의 활동이 활발한 〈노사모〉나 〈개혁국민정당〉, 〈수지시민연대〉 등의 사례가 대표적이다. 이들 사회정치형 공동체는 형성에서부터 조직 내부의 민주적인 운용을 제도적으로 보장하고 회원들의 적극적인 참여를 보장하고 이를 발현하고, 담아낼 수 있는 공론장을 만들기 위해 노력했다. 따라서 이들 조직의 민주적인 운영은 회원들의 불만이 없을 정도로 상당히 개선되었다. 사회정치형 공동체는 모든 의사결정을 총회와 투표에 의해서 진행하고 자체의 제도를 두어 견제하는 기능을 수행한다.

하지만 정보형 공동체의 경우, 운영상에서 다른 요인도 반영되기도 했는데 그것은 운영진과 함께 참여하는 전문가의 평판도 공동체를 운영하는 데 많은 영향을 미친다. 일부 공동체에서는 비전문가가 운영진이 되지 않는 경우, 운영상의 혼란이 존재했다고 한다. 따라서 정보형 공동체는 취미형이나 사회정치형, 친목형 공동체보다는 해당 분야의 전문가가 운영진에 참여할 경우 발전하기 좋은 조건으로 되었다.

친목형 공동체는 민주적인 운용과는 약간 거리가 있는 것으로 나타났다. 일부에서는 의사결정 과정을 이메일로 발송하고 소수이지만 의견을 수렴하는 절차를 진행하기도 하지만 상당수가 운영진의 일반적인 독주가 많이 나타났다. 이로 인해 회원의 탈퇴도 빈번하게 나타난다. 사례조사 과정에서 한 친목형 공동체의 참여자는 오프라인 모임에 참석해서 다음과 같이 밝혔다. "운영진이 마음대로 결정하면 보통 참여도가 떨어진다. 물론 운영진이 자신의 시간을 할애해서 우리 공동체를 위해서 활동하는 것은 고마운 일이지만 가능하면 회원들의 의견을 물었으면 한다. 나의 경우도 지난번에 참여하던 공동체에서 운영진이 마음대로 오프라인 모임을 잡고 친한 몇 사람끼리 운영을 하는 것으로 보고 항의를 할까 했지만 그냥 탈퇴해 버렸다. 그리고 다른 곳에 비슷한 공동체를 만들어 내가 직접 운영하고 있다."[134]

요컨대, 아직 운영자들과 참여자들은 공동체 내부의 의사결정 과정에 민주적이라고 생각하고 있다. 이에 대해서 운영자들도 민주적인 운영은 필수적이라고 밝히고 있다. 이익이 걸려있을수록 분명해진다. 정보형이나 사회정치형 공동체의 경우 친목형이나 취미형 공동체보다 분명한 자신의 의견을 표출하기를 원한다. 이 두 가지 형태의 공동체는 각자의 이익을 우선으로 결합된 공동체들이기 때문에 내부의 운영이 민주적이고 평등하지 않으면, 공동체에 대한 불만이 높아지기 때문에 상대적으로 강한 의사를 표출한다.

그럼에도 아직 상당수의 사이버 공동체는 형식적인 절차로는 민주성을 지향하지만 실제로는 그렇지 못하다. 그리고 회원들은 민주적이라고 만족하지만 내용적으로는 비민주적인 절차로 운영되는 괴리 현상이 있다. 이런 현상은 아직 공동체 내부에 잠복해 있지만, 결국 향후 사이버 공동체가 극복해야 할 하나의 과제로 등장할 것이다.[135]

마지막으로 사이버 공동체의 내부적 운영과 관련한 한 특징으로 허

---

134) 〈술모임과 우정〉 운영진과 회원 인터뷰(2004년 9월 27일).
135) 하지만 이는 사이버 공동체만의 문제는 아닐 것이다. 한국의 대부분 사이버 공동체가 ISP업체에서 운영하는 커뮤니티 사이트에 속해 있기 때문에 쌍방향적인 의사소통을 보다 원활하게 할 수 있는 기술적인 지원도 필요하다.

쉬만(Albert O. Hirschman)이 제기한 항의(voice)와 탈퇴(exit)와 관련된 것이다. 오프라인 공동체에서 개인은 자신이 속한 집단에 애정을 가지고 개선을 하고자 하면 적극적으로 발언을 하지만 자신의 의견이 개진되어도 변하지 않을 것이란 생각을 한다면 오히려 탈퇴를 해버린다. 하지만 사이버 공동체에서는 보다 진화된 형태의 행동이 가능하다는 점에서 오프라인 공동체와는 차별성을 가진다. 오프라인 공동체는 탈퇴자들이 새로운 조직에 가입하기 위해서 많은 진입장벽과 비용이 발생해서 쉽게 탈퇴를 하지 못하고 끌려가기도 하지만 사이버 공동체에서는 오히려 항의가 인정되지 않으면 새로운 집단행동 가능성이 있다는 점이다. 사이버 공동체 집단이 갖는 특성은 무엇보다 자발적인 집단이며 가입과 탈퇴가 비교적 자유롭다는 점일 것이다. 그것이 집단적으로 나타날 경우 사이버 공동체만의 특별한 법칙으로 발전한다.

사이버 공동체가 없을 때는 한 개인의 고립적인 또는 몇몇 개인 간의 소규모 행동이 주류였지만 사이버 공동체가 활성화됨에 따라 항의에 대한 새로운 집단행동이 가능해졌다. 공동체의 운영과 관련된 문제점이 발생하면 상당수는 항의를 하고 개선되지 않으면 이후에 뜻이 맡는 사람과 함께 새로운 사이버 공동체로 옮겨 버리거나 새로 만들어서 탈퇴한다. 이는 역시 가입과 형성에 비용이 발생하지 않는 사이버 공동체의 장점 때문이기도 하다.136)

---

136) 이런 집단행동 가능성은 단순히 공동체 내부만이 아니라 운영회사와의 관계에서도 나타난다. 대표적인 사례는 2002년 11월부터 있었던 프리챌의 유료화 반대 운동이다. 당시 프리챌은 인기 있는 대형 커뮤니티 사이트였지만 ISP업체에서 회원들의 의견을 묻지 않고 일방적으로 유료화 정책을 실시하면서 회원들의 반발이 시작되었다. 이들은 의사결정 과정의 비민주성과 회사 측의 독단적 결정에 반대하면서 단순히 개인적인 탈퇴의 형태가 아니라 조직적인 행동에 돌입했다. 항의메일 발송과 운영진 간의 연대모임, 회원들의 온라인 서명운동 등 많은 항의를 했지만 이를 회사 측에서 수용하지 않자 결국 공동체 전체가 다른 ISP 업체로 집단탈퇴를 해버렸다. 이로 인해 프리챌은 회원의 절반을 잃었고 2003년 6월 무료 사이버 공동체를 다시 허

(2) 오프라인과의 연계성

오프라인과 온라인과의 연계성은 한국 사이버 공동체의 가장 큰 특징일 수도 있다. 레비(Pierre Levy)가 사이버 공동체의 발달은 모든 종류의 접촉과 교류를 적극적으로 추진한다고 밝혔듯이, 이 특징은 한국 사이버 공동체의 역동성을 보여준다는 점에서 다각적인 접근이 필요하다.137) 이 같은 현상은 비단 취미형이나 정보형 공동체만의 특징이 아니라 대부분의 사이버 공동체는 오프라인 모임 간의 연계로 인해 새로운 네트워크가 형성되기도 하고 내적 연대감이 향상된다. 사실 한국의 사이버 공동체의 특징은 온라인 활동과 오프라인 모임이 상호작용적으로 발전한다는 것이다. 그 이유는 면 대 면(face to face) 접촉을 선호하고 대도시에 모여 살아 비교적 쉽게 만나 볼 수 있어 오프라인 모임을 갖는 데 그리 큰 걸림돌이 없기 때문이다.138)

오프라인과 오프라인 모임과의 연계성은 계량연구와 일치하는데 설문조사 결과에서도 사이버 공동체 운영에 있어 오프라인 모임이 중요하다는 것에 긍정적인 답변이 54.7%로 집계되어 부정적인 견해 12.2%

용했지만 가입자들의 이탈을 막지는 못했다.

137) 피에르 레비(Pirre Levy).(1997), p.182.

138) 한편, 도준호는 국내 사이버 공동체의 오프라인 활동이 활발한 이유를 다음과 같이 정리했다. 첫째, 한국 사회가 전통적으로 대면적인 접촉(face-to-face interaction)을 중시한다는 점이다. 따라서 물리적인 장소가 제공되지 않는 온라인에서의 모임이라고 할지라도 틈만 나면 현실공간에서 사람들의 얼굴을 마주 대고 모임을 갖기를 원하는 속성이 두드러진다는 점이다. 두 번째는 이러한 오프라인 모임에의 욕구를 실현 가능하게 하는 지리적인 요건이 갖추어져 있기 때문이다. 미국이나 유럽의 경우 인터넷을 통해 사람들이 만나게 된다고 하더라도 그들이 현실공간에서 만남을 가지기 에는 지리적인 제약이 너무 크고, 현실에서 만나기 위해서는 경제적인 부담 또한 크다. 그렇지만 한국의 경우는 제주도를 제외한 경우는 전국이 일일 생활권에 포함되어 있고 상대적으로 저렴한 대중교통비로 인터넷에서 만난 사람들과의 직접 대면 접촉을 실현할 수 있다는 점이다. 도준호 외.(2000), pp.104-105 참조.

보다 월등히 높았다.

〈표 V-10〉사이버 공동체에서 오프라인 모임이 중요하다 설문 응답

구 분	빈도(frequency)	%(percent)
매우 그렇다	38	9.9
그렇다	172	44.8
보통이다	127	33.1
그렇지 않다	43	11.2
전혀 그렇지 않다	4	1.0
총 계	384	100.0

설문조사에서만이 아니라 사례연구 결과도 공통적인 2가지를 지적했다. 첫째, 사이버 공동체는 일정 수준이 되면 온라인과 오프라인 모임이 상호작용하지 않으면 발전에 한계가 있다는 것이 한결같은 지적이었다. 오프라인 공동체도 별다른 활동 없이 존재하는 경우는 사멸하고마는 것과 마찬가지이다. 이것은 단순히 온라인에서만 만들어지는 것이 아니라 공동체가 가지는 생성·발전의 법칙이기 때문에 사이버 공동체에서도 이는 적용된다.

둘째, 사이버 공동체가 활발하게 활동할수록 오프라인과의 연계성이 강화된다는 것이다. 온라인과 오프라인이 연계되어 활동하는 사이버 공동체일수록 사회적 자본(social capital)의 형성이 빨랐으며 협력과 신뢰의 형성에 큰 영향을 미쳤다. 아울러 이런 공동체들은 자신들의 자유로운 의사개진으로 사회·정치 참여적인 활동도 많이 하고 있는 것으로 조사되었다.

연구대상인 사이버 공동체의 경우, 이런 특징이 잘 나타났다. 활발한 오프라인에서의 활동을 전개하고 있는 한 운영자는 "오프라인 정기모임 이후 사이버 공동체의 활력이 돋게 되었고 오프라인 정기모임 이후

의 게시판을 보면 그 모임의 성공과 실패를 구분할 정도"라고 한다.

그러나 취미형 공동체인 〈티테이블〉은 상대적으로 오프라인에서의 활동보다는 온라인 중심의 활동을 하고 있다. 〈티테이불〉의 역사는 오래 존속되었지만 그에 비해 온라인 위주의 활동을 함에 따라 오프라인에서 역동적인 모습은 없었다. 회원들의 경향도 같은 취미를 즐기지만, 상당수가 관련된 정보를 공유하고 토론하는 공간으로서만이 사이버 공동체를 활용하고 있다. 하나 〈티테이블〉과 같은 형태의 사이버 공동체는 일부분인 것으로 보인다. 대부분의 사이버 공동체는 정기적인 모임을 진행하고 있으며 그것이 온라인에서의 활동성을 더욱 확장시키는 역할을 하고 있다.

흥미로운 것은 친목공동체에서 지역적 기반과 동일한 교통수단을 이용하는 〈지하철 5호선〉과 〈7000번 버스를 타는 사람들〉이다. 〈지하철 5호선〉은 지하철이라는 매개체를 통해서 서로의 공통점을 확인하고 나아가서 사람 사이의 친목과 정보교류 등의 활동을 한다. 〈7000번 버스를 타는 사람들〉 역시 서울과 수원을 오가는 7000번 버스 이용자들의 사이버 공동체 모임이다. 지역적 영향 때문인지 오프라인 모임과 온라인 활동을 병행하면서 공동체가 발전하고 있으며 운영진들은 활발한 오프라인 모임을 추진하고 있다. 〈지하철 5호선〉 운영자의 다음과 같은 언급은 사이버 공동체에서의 오프라인 모임의 중요성을 확인해 주고 있다.

"오프라인의 만남도 중요하게 생각하며 친목을 중요시하기 때문에 사람과 사람 사이의 만남과 커뮤니케이션을 중요하게 생각한다. 자칫 개인주의에 빠질 수 있는 온라인 공간뿐만 아니라 적절한 오프라인 활동과 병행함으로써 서로를 이해하고 아껴주고 위해주는 마음을 만들어가고 있습니다."(지하철 5호선 운영자, '온라인 커뮤니티 비엔날레 2003 우수 커뮤니티' 추천 글에서 발췌. 2003년 12월 11일)

이처럼 사이버 공동체의 성장과 발전은 정보사회학자 마누엘 카스텔
(Manuel Castells)이 주장하듯이 온라인과 오프라인의 상호작용 속에
서 더욱 발전 가능한 것이라고 할 수 있다.

4. 정치참여

연구대상 사이버 공동체에서 사회적인 이슈에 대한 관심이나 사회·
정치적인 사안에 있어서의 참여나 의사교환, 토론은 활발하지 않은 것
으로 나타났다.

먼저, 취미형 공동체와 친목형 공동체는 대부분 비정치적인 공간임
을 강조한다. 취미형 공동체인 〈티테이블〉 운영자는 "2대 운영자로 활
동한지 1년이 경과했지만 회원들 간에 아직 정치적인 이슈에 대한 토
론은 없었고 누구도 관심이 없어 보인다."고 밝혔다.[139] 실제 이에 대
한 확인을 위해 〈티테이블〉의 메인 게시판의 2003년 1월부터 11월까지
의 글 제목을 확인해 본 결과, 사회적인 이슈나 정치참여와 같은 내용
은 없는 것으로 나타났다. 이를 보다 정확하게 알아보기 위해 2003년
의 모든 게시물을 대상으로 '선거', '정치', '대통령', '호주제', '파병' 등
5가지의 정치적인 용어나 시사적인 내용으로 검색을 해보았지만 관련
글은 1건도 없었다.

〈붉은 악마〉 역시 정치적인 문제에 대해서는 철저히 억제한다. 알려
져 있다시피 2002년 대통령 선거운동 과정에서 정몽준 대한축구협회
회장이 출마하면서 많은 이들의 의혹어린 시선이 이들에게 쏠렸다. 당
연히 〈붉은 악마〉는 정치적인 색채를 띠는 어떤 행사에도 참여하지 않
을 것임을 밝혔고, 정치적인 중립을 선언했다.

---

139) 〈티테이블〉 운영자 인터뷰(2003년 9월 4일).

그러나 〈책친구〉의 경우 약간 다른 모습을 보이고 있다. 하위 게시판 중에서 사회과학 게시판과 토론게시판 등에서는 사회적인 이슈에 대한 게시물이 활발하게 올라오고 있었다. 정치적인 주요한 사안이 있을 경우 활발한 관련 토론이 나타난다는 점에서 다른 사이버 공동체와는 다른 특징을 보인다. 2003년에서 2005년까지의 토론 주제도 양성평등, 국민연금, 환경, 파병, 선거참여, 탄핵, 독도 등을 비롯해 다양한 사회·정치적인 이슈가 활발하게 토론되었다.

첫째, 다른 취미형 공동체와 달리 〈책친구〉에서의 토론이 활발한 것은 이 모임의 성격이 토론 공동체이기 때문으로 분석된다. 독서모임은 상대적으로 토론이 일상화되어 있다는 점이 상대적으로 내부 구성원들에게 큰 어려움 없이 사회·정치문제와 관련된 토론에 참여할 수 있게 하는 계기를 마련해 준 것으로 보인다.

둘째 이유는 사회적으로 이슈가 되는 문제에 대한 공간이 형성되었기 때문이다. 다른 사이버 공동체의 내부 구성을 보면 게시판 형태의 정보제공과 잡담 글, 사적인 내용의 글을 게시하는 공간은 많지만 정식 토론의 공간은 마련되지 않았다. 그런 부족함에 〈책친구〉 같은 경우는 자연스럽게 토론의 공간을 제시했다는 점에서 회원들의 많은 참여가 있었던 것 같다.

셋째로는 토론 게시판 관리자의 노력이다. 사이버 공동체가 시작에서부터 발전하는 과정을 보면 운영자의 노력이 중요하지만 특히 토론게시판에서는 적절한 대응에 따라서 많은 토론이 나타나기도 한다는 점은 시사하는 바가 크다. 특히 일부 토론의 경우 응답 글이 수십 여 개가 올라오면서 내부적으로 치열한 논쟁이 벌어져 이슈에 대한 공론장(public sphere)으로서 역할을 하고 있었다.

그리고 취미형 공동체일지라도 내부 활동에만 매몰되지는 않는다. 일부에서는 직접적인 시위나 사회운동에 참여하기도 한다. 사례분석 대상에 포함되지는 않았지만, 2002년 겨울 미군 궤도차량에 희생된 여

중생을 추모하는 집회에 각 프로축구단의 서포터스(응원단)가 깃발을 들고 참가하기도 했다. 이에 대해 프로축구단 부천 SK 서포터즈 헤르메스의 윤종현 총리더는 "비대한 조직임에도 불구하고 참여한 지 얼마 되지 않은 회원도 게시판을 통해 자신의 의견을 내세울 수 있고, 그 의견이 설득력이 있다면 전체 방향에 영향을 미칠 수도 있다. 그렇기 때문에 공감대가 형성되면 보다 참여하기 쉬운 것 같다."고 말한다.[140]

다음으로 정보형 공동체 역시 사회문제에 대한 관심도가 낮고 정치토론에 대해서는 그 공간조차 없었다. 대상 공동체 8개 중에서 정치사회 문제에 대한 토론공간이 마련된 곳은 2곳에 불과하다. 그중에서도 삼성경제연구소 사이버 포럼 내의 〈국제정치 연구회〉, 〈환경연구회〉, 〈전자정부(e-Gov) 이야기〉 등은 주제에 따라서 모인 곳이기 때문에 이를 예외적인 것으로 한다면 결국 소수에 불과하다.

〈디시인사이드〉는 앞서 사이버 문화를 만들기도 했지만 개인화·파편화된 사이버 공동체의 한 유형으로 지적했다. 그러나 〈디시인사이드〉의 하위 게시판인 토론게시판은 2003년 12월 현재 대통령의 특검법 거부와 관련된 주제가 중심토론으로 게시되어 있고 개설 이후 이라크 전투병 파병, 대통령 국민투표, 탄핵 등 정치적인 문제에서 호주제, 저작권 등 다양한 안건이 상정되어 토론이 전개되었다. 특히 2004년 탄핵과 총선 정국에 있어서 이들의 활동은 놀라운 관심거리가 되기도 했다. 이는 앞서 지적한 대로 사이버 공동체 내의 의사소통의 공간이 주어지고 적정한 사회자가 존재할 경우 활발한 토론이 생산될 수도 있음을 다시 한번 보여주는 사례라고 할 것이다.[141]

---

140) 조희제. 미디어 다음.(검색일: 2003년 5월 4일).
141) 탄핵정국 기간동안 디시인사이드의 정치토론게시판은 역동적인 토론공간이 되었다. 송경재의 연구에 따르면 디시인사이드의 이 같은 다양한 인터넷을 기반으로 하는 정치참여적인 변화발전에 대해 '네트워크 정치참여'로 규정한다. 이에 보다 자세한 내용은 송경재, "네트워크시대의 인터넷 정치참여-탄핵정국 디시인사이드 정치토론 게시판을 중심으로", 한국사

〈디시인사이드〉참여자들이 개인화된 사이버 문화를 전파하고 있지만 사회문제에 대한 토론의 공간에서는 다른 모습을 보이고 있는 것이다. 그리고 외국인 노동자 문제나 성차별, 호주제, 음반 저작권 등의 토론내용은 상당히 심도 있는 내용을 담고 있고 건전한 문제의식을 제안하고 있다. 그렇다면 수준 이하의 토론이 되는 배경이 관심의 부재나 토론문화에 익숙하지 않아서가 아니라 현재의 정치 상황에 대한 식상함과 거부감의 표현일 수도 있다는 추론을 가능하게 한다. 즉 사회 전반적인 정치혐오 현상의 한 반영일 뿐이지 반드시 〈디시인사이드〉만의 문제는 아닐 수도 있는 것이다.

한편, 친목형 공동체의 경우 취미형 공동체와 마찬가지로 거의 사회정치적인 문제에 대한 관심도가 낮다. 하지만 그중에서도 몇 가지 특이한 점은 발견되었다. 사이버상에서는 그다지 활발하지 않은 토론이지만 오프라인 모임에서는 가끔 나타난다는 것이다. 〈경기대 영자신문사〉와 〈술친구와 우정〉의 운영진들은 공통적으로 이 같은 점을 지적하고 있다.

"사이버상에서는 사회문제에 그다지 관심이 없어 토론은 거의 없는데, 오프라인 모임에서는 전혀 다르게 나타나기도 한다. 아무래도 소규모 번개일 때가 더욱 그런 현상이 많다. 사이버상에서는 하기 힘든 내용이 친한 이들과의 오프라인 모임에서 나타나는 것 같다. 그래서 토론이 전혀 일어나지 않는 것은 아니다."(술모임과 우정 운영진 2003년 9월 27일 인터뷰, 경기대 영자신문사 회원 2002년 12월 21일 인터뷰 내용 편집).

이를 미루어 보면, 친목형 공동체일지라도 오프라인 모임이 활성화되고 보다 친밀한 관계가 형성되면 내부에서 많은 토론이 나오기 때문

회역사학회 편. 『담론 201』 8권 3호(서울: 2005) 참조.

에 결코 친목형 공동체이기 때문에 나타나지 않는다는 것은 과도한 판단일 것이다.

마지막으로 사회정치형 공동체는 역시 그 성격상 활발한 토론이 전개되고 있다. 〈남산타운 21〉과 〈수지시민연대〉는 하루 평균 10건 이상의 지역문제에 대한 토론이 전개되고, 많은 경우에는 수십 개의 글이 게시판을 채우기도 한다. 〈남산타운 21〉의 경우, 2003년 11월에 단지 내 366번지 일대의 한 건설현장에서 건설소음을 일으키는 문제가 주요 이슈로 제기되었다. 이에 대해 주민들은 토론을 하고 관할구청과 청와대에 민원을 제기하는 등 온라인과 오프라인의 항의와 행동을 보였다. 결국 문제가 된 건설현장은 주민들의 적극적인 민원으로 서울 중구청에서 공사를 중지시켰다. 이러한 과정은 사이버 공동체 내에서 토론만 하는 것이 아니라 적극적인 집단행동으로 발전할 수도 있음을 확인해 주는 하나의 사례라고 할 것이다.

〈남산타운 21〉과 같이 적극적인 의사표현을 넘어서 행동으로 발전하는 사례가 많이 발견되고 있다. 역시 지역에 기반을 둔 공동체이다 보니 주민들의 적극적인 참여도 가능하지만 주민들 스스로도 〈남산타운 21〉의 사이버 공동체 공간을 공론장으로서 생각하고 있다. 이로 인해 주민들은 문제점이 생기면 이곳에 글을 쓰고 또 발전시켜 집단행동으로 이어지고 있는 것이다.[142] 지역의 교통문제 해결을 위한 〈수지시민연대〉에서도 비슷한 사례들이 발견되고 있고 〈개혁국민정당〉이나 〈노사모〉 내에서의 정치토론은 그 목적에 따라 집단행동까지 활발하게 나타나고 있다.

---

142) 보다 자세한 내용은 조화순·송경재, "인터넷을 통한 시민정책참여: 단일이슈 네트운동의 정책결정과정", 한국행정학회 편. 『한국행정학보』 38권 5호(서울: 2004) 참조.

제3절 사례연구 소결

본 연구에서는 22개의 사례를 통해서 사이버 공동체의 신뢰 및 연대
감, 규범 및 규칙 그리고 네트워크의 사회적 자본의 형성과 정치참여
의 형태에 대해 살펴보았다. 대부분 실증적인 조사에서 나타난 결론이
확인되었지만, 역시 계량적 조사가 밝히지 못했던 인지적(cognitive)이
고 구조적인(structural) 측면을 파악할 수 있었다는 점에서 그 의의가
있다고 하겠다. 아울러 사이버 공동체의 운영진들과 회원들 간의 심층
적인 인터뷰와 모니터링 등의 참여관찰을 통해서 새로운 사실들이 발
견되어 계량적인 분석결과를 풍부하게 해주었다.

먼저, 연구를 통해서 사이버 공동체의 특징에 대한 고찰을 시도했다.
사이버 공동체의 특징을 추출하고 여기서 발생하는 운동법칙들을 일반
화시키려 했다. 몇 가지 점에서는 현실의 오프라인 공동체와는 확연한
차이를 보이고 있는데 이를 개념화하면 '사이버 공동체의 이중성(二重
性)'이라 할 수 있다. 이는 결국 사이버 공동체에서만 나타나는 특징적
인 현상을 범주화 한 것이다.

〈표 V-11〉 사이버 공동체의 이중성(二重性)

1. 기능: 순기능과 역기능
2. 발전법칙: 사이버 공동체의 외부 집중화와 내부 분화
3. 발전형태: 온라인과 오프라인의 이중적인 상호작용성

사이버 공동체의 이중성은 3가지로 해석이 가능하다. 먼저, 기능적인
측면의 이중성은 사이버 공동체의 순기능적 특성과 역기능적 특성이
상존하고 있는 것이다. 다음으로는 공동체 참여자들의 행태적인 측면
에서 공동체가 집중과 내부 분화 경향을 나타낸다는 것이다. 마지막으

로 사이버 공동체가 발전할수록 온라인과 오프라인의 상호작용성
(interactivity)이 강하다는 것이다.

상호작용성은 사이버 공동체 내부의 신뢰나 연대감, 규범과 네트워
크를 강화시키기도 하는 선순환을 할 수 있는 동력이 된다. 사례연구
과정에서 나타난 공동체들의 온라인 활동은 자연스럽게 오프라인 활동
으로 전화되었다.[143) 결국 사이버 공동체의 오프라인 활동은 단순한
것이 아니라 기존의 활동을 배가시켜 준다는 점에서 양자간의 합
(sum) 이상의 시너지 내지는 결합효과(synergy or packing effect)를
가져온다. 그것이야말로 진정한 사이버 공동체의 온라인과 오프라인의
이중적인 상호작용의 의미라고 할 것이다. 사이버 공동체의 이중적 현
상은 단순히 한 가지 형태만 나타나는 것이 아니라 일정한 수준이 되
면 통일적이고 복합적인 양상으로 전개되고 있다. 사이버 공동체는 단
순히 기능적 측면에서의 순기능과 역기능으로 구분되지 않고 각각의
발전 경로와 형태에 따라 오프라인 공동체와는 다른 복합적이고 다중
적인 발전경로를 가지고 있다.

사례연구를 통해 얻을 수 있었던 두 번째 결과는, 사이버 공동체가
다양한 특성을 가진 복합적인 존재로서 정치참여적인 면에서 내부적인
역동성은 강하지만 상대적으로 그 역동성을 외부로 표출하는 것은 미
약한 것으로 나타났다. 실증연구에서도 사이버 공동체 외적으로 실질
적인 정치적인 행위에 참여하는 것보다 내부적인 토론과 탐색하는 것
에 높은 설명력을 가지고 있었듯이 아직 사이버 공동체 참여자들은 내
적인 문제에 집중하는 경향을 보이고 있다. 그것은 결국 사이버 공동
체라는 것이 자신의 관심사나 정보를 얻기 위한 목적을 가지거나 친목
을 위한 가입이기 때문일 것이다. 요컨대 한국에서의 사이버 공동체의

143) 황주성, 조동기, 김상배, 강홍렬, 유지연, 최선희, 김성우, 조희경.『사이버
  문화 및 사이버 공동체 활성화 정책방안 연구』정보통신정책연구원 연구
  보고 02-45.(서울: 정보통신정책연구원, 2002), p.130 참조.

활동은 내부의 복합적인 역동성에 비해 현실 정치영역에까지 확산되지
는 못한 것이다.

　사이버 공동체의 내부적인 역동성은 사안별, 이슈별로는 광범위한
참여적 행태를 보여 그 잠재력 측면에서는 많은 가능성을 내포하고 있
다. 2002년 FIFA 월드컵 기간에는 축구, 월드컵 경기 관련 사이버 공
동체가 앞 다투어 개설되었고, 대선 때에는 각 후보를 지지하는 팬클
럽이 등장하고 이전시기와는 다른 새로운 토론문화로 선거문화를 선도
했다. 이를 통해 사이버 공동체는 개인과 사회를 연결하는 커뮤니케이
션 도구이자 운동의 도구(communication and movement tool)가 되었
다.144) 그리고 2002년 말, 미군의 장갑차에 희생된 여중생을 추모와
2004년 노무현 대통령 탄핵반대 촛불시위145)와 상장(喪章)달기,146) 인
터넷 정치 패러디의 확산도 운동과정에서 발생한 사이버 공동체에서의
토론과 투쟁방식 제안으로 인해 새로운 참여토론과 시민운동의 전형을
보여주었다. 네티즌들이 관심을 가지고 자발적으로 참여하고 토론하는
과정에서 의견이 제안되었고 그것이 전국적으로 확산시켜 며칠 만에
위력을 발휘했다는 점에서 파괴력을 확인해 주고 있다. 이 과정은 마
치 라인골드(Rheingold)의 참여군중(smart mobs)과 같은 시민적 참여
와 파급, 확산효과를 보였다. 사이버 공동체에 참여한다고 해서 모든
참여자들이 사회적인 문제에 대해 일상적인 참여까지 강화되지 못했지

144) ZDNet Korea 2003년 5월 21일 참조.
145) 2002년 당시 인터넷에서 항의운동을 주도하던 '사이버 범대위' 게시판에
　　서 '앙마'라는 네티즌이 "광화문에서 반딧불이가 됩시다."라는 글을 올린
　　지 보름 만에 서울시청 앞 광장에는 10만여 명이 쏟아져 나와 촛불시위
　　가 시작되었다. 이후 주요한 정치적인 사건이 있을 때 단골메뉴가 바로
　　평화적인 촛불시위의 양태로 나타난 계기가 되었다.
146) 상장(喪章)달기의 변천과정을 고찰해 보면 인터넷의 파급력과 확산성을
　　가늠해 볼 수 있다는 점에서 흥미롭다. 네티즌들은 초기에 리본 모양의
　　▶◀를 자신의 이름 앞에 달기 시작하였다. 이후 좀 더 적절한 표시를
　　찾아 삼베모양의 ▩와 ▦로 변화시켰다. 이 현상은 공감대를 형성하며
　　항의의 표시로 상징화되었다.

142

만 어떤 계기가 주어진다면 강력한 참여의 장(場)으로서 기능을 발휘하고 있으며 실제로 사회정치적인 영향력을 발휘하고 있다.

셋째, 사이버 공동체의 내부 역동성이 강하다는 것은 내적으로 사회적 자본이 형성되고 있음을 의미한다. 그리고 오프라인 공동체와 마찬가지로 사이버 공동체에서의 사회적 자본 형성은 정치참여를 위한 토대가 되고 있다. 이런 점에서 사이버 공동체를 통해 단련된 세대의 등장은 사회적 자본의 축적과 광범위한 참여세대의 형성이란 측면에서 긍정적인 영향을 미치고 있음을 확인할 수 있다.[147] 연구대상 사이버 공동체가 한국의 모든 사이버 공동체의 유형을 대표하지는 못하겠지만, 하나의 예시적 모형은 될 것이다. 그렇다면 사이버 공동체는 현재 내적인 발전과정을 거치며 자발적인 참여를 바탕으로 한 신뢰와 협력의 규범이 형성되는 단계라고 할 수 있다. 이런 참여의 과정이 쌓이게 된다면, 그리고 보다 적극적인 노력 여하에 따라서는 외부로 확산되기도 할 것이다. 이를 수식으로 바꾸면 다음과 같이 표현할 수 있다.

$$PP = f \{ (a \times Trust) \cdot (b \times Norm) \cdot (c \times Net) \} \qquad \langle 식 \ V-1 \rangle$$

PP는 정치참여(Political Participation)를 나타내고 a와 b, c는 상수이다. 즉 사이버 공동체의 정치참여는 사회적 자본(social capital)을 구성하는 신뢰와 연대감이라는 요인과 규칙 및 규범, 네트워크와의 상호관계에 의한 함수로 설명되고 각 요인들의 값이 커질수록 사이버 공동체의 정치참여는 더욱 활성화될 것이다.

사례연구에서도 이는 잘 나타난다. 개인의 자기 이익충족을 위한 성

---

147) 다이아몬드(Larry Diamond)는 공동체의 자발적 참여와 협력이야말로 개인 간의 호혜성이 증대되며 신뢰와 규범이 풍부화되고 시민참여의 수평적 네트워크를 만들 수 있을 것이라고 밝히고 발전된 시민사회(civil society)로의 이행을 촉진한다고 주장했다. Larry Diamond.(1999), pp.225-242 참조.

격이 강한 취미형 공동체와 정보형 공동체도 외부적으로 호혜적인 활동을 하거나 봉사 활동을 한다. 그리고 사이버 공동체의 운영진들이나 참여자들은 정치·사회적인 활동에 대해서는 난색을 표하지만 사회봉사 활동이나 낮은 차원의 사회 참여활동에 대해서는 강한 의욕을 보이고 있었다. 결국 이런 흐름의 형성은 내부적으로 사회적 자본의 형성과 발전을 가져와 장기적으로 사이버 공동체의 틀을 벗어나 활동의 영역을 넓힐 가능성이 크다고 하겠다.

지역공동체의 경우도 이와 유사하다. 사례연구에서 확인한 바와 같이 지역의 사이버 공동체가 존재하는 수지나 남산타운은 다른 지역에 비해 주민들의 집합재(collective goods)의 형성과 행동으로, 보다 원활하고 적극적인 삶의 공간을 개선할 수 있다는 측면에서 향후 지역에 기반을 둔 사이버 공동체의 방향성을 제시하고 있다.

내부의 규칙 제정과정을 보면 이는 더욱 확연히 드러난다. 물론 정도의 차이는 있지만 사이버 공동체의 규칙제정은 자연발생적으로 필요에 따라서 형성된 경우(책친구의 사례)와 목적의식적으로 형성된 경우(노사모나 개혁국민정당의 사례)로 구분된다. 차이는 있지만 구성원들의 합의를 바탕으로 형성된다는 점에서는 공통점을 가진다. 사이버 공동체가 발전하면서 형성되는 규칙이나 규범은 공동체의 제도적 내용을 결정하는 데 있어 많은 영향을 미치고 그 결정과정은 대부분 민주적인 방식에 의해서 진행되었다.[148] 이 과정 역시 사이버 공동체도 오프라인 공동체와 마찬가지로 참여자들이 공동체 내부에서 공적협력과 이익의 조정과정이 교육되고 단련됨으로써 민주주의의 학교로서 기능하고 있다는 단초를 제공해 주고 있다는 점에서 시사하는 바가 있다.

넷째, 사이버 공동체에서 보다 참여적인 성격을 강화하기 위해서는

---

148) 일부의 경우 운영진이 처음부터 규칙을 제정한 경우도 있지만 그 경우 추후에 개정과정을 거치면서 다수의 공동체 참여자들이 공유할 수 있는 형태로 개정되는 추세를 보인다.

144

적극적이고 목적의식적인 노력이 필요할 것이다. 특히 운영진의 목적
의식적인 노력이 결합된 공동체의 경우 보다 적극적인 형태의 참여지
향성이 나타난다. 이는 사례연구 결과에서 확인되지만 공개적인 토론
방의 존재여부는 사이버 공동체의 공론장(cyber public sphere)으로서
의 기능에 큰 영향을 미치고 있는 것으로 나타났다. 사회정치형 공동
체를 제외하고 사회문제에 대한 토론방을 개설한 곳은 〈책친구〉와 〈디
시인사이드〉로 불과 2군데에 지나지 않았다. 〈디시인사이드〉의 토론방
의 발전과정을 보면 개설된 지 얼마 되지 않아서는 자리를 잡지 못했
지만 주요한 정치적 사건이 발생하자 활발해졌다. 〈책친구〉는 나름대
로의 활발한 토론이 이루어지고 있다. 그 원인은 여러 가지가 분석되
었지만 공동체 운영진들의 노력과 공동체 자체의 토론문화의 활성화
때문이라 할 수 있다.

조사대상 공동체의 운영진들은 아직 정치문제나 사회문제에 대한 토
론의 공간을 가지는 것을 꺼리고 있지만 관심은 많이 가지고 있다. 특
히 어떤 형태의 사이버 공동체일지라도 사회적인 이슈가 되는 사안들
에 대해서는 오프라인 모임에서도 부분적이나마 논의가 되고 있었다.
온라인 공간에서 공론장 기능은 아직 미약하지만 온라인에서 형성된
네트워크로 인해 오프라인으로 확장되기 시작한 것이다. 여기에 목적
의식적인 노력이 가미된다면 공동체 내부에서도 보다 적극적인 참여지
향적인 토론과 참여로 발전할 가능성이 크다.149)

이런 사례는 시민단체에서도 사이버 공동체의 운영진이나 적극적인
참여자들을 위한 네트워크(network)의 필요성을 제기해준다. 시민운동
단체에서 올바른 사이버 문화의 확산을 위한 네티즌들의 지향과 의사

---

149) 한 예를 들면, 다음카페에서도 운영진을 위한 별도의 사이버 공동체
(Daum카페 리더 모임, http://cafe.daum.net/CafeLeaders)를 운영하고
있는데 이곳의 중심적인 토론 내용은 어떻게 하면 사이버 공동체의 활성
화할 것인가와 오프라인 모임 장소와 규칙 제정, 모범사례 발굴 등에 관
한 자문이 대다수이다.

에 맞는 영역으로 참여목적과 방향이 제시된다면 사이버 공동체는 보다 참여적인 경향이 확대될 가능성이 크다. 방법론적으로는 다각적인 고민이 필요하겠지만 낮은 차원의 연대를 통한 적극적인 연대까지 단계적으로 발전시켜 나갈 수 있을 것이다. 그리고 장기적으로 이를 통해 건전한 사이버 공동체 문화를 만들고 확산한다면 사이버 공동체의 활성화와 발전에 기여할 수 있을 것으로 보인다. 네티즌들의 지향과 의사에 맞는 수준의 보편적인 이슈를 제기하는 의제 설정(agenda setting)이 된다면 공동체 구성원 간의 다양한 의견을 표출하고(참여토론), 사회·정치적인 문제에 직접적인 행동으로까지 나설 가능성은 이미 많은 경험으로 확인되었다. 문제는 어떤 의제를 설정하느냐가 과제일 것이지만 이에 대해서는 보다 심층적인 고민이 필요하다.

다섯째, 정기적이고 안정적인 운영을 하고, 활발한 커뮤니케이션과 오프라인 모임이 많을수록 현실 참여적인 경향이 강했다. 이는 사이버 공동체에 있어서 오프라인 모임의 중요성을 확인해 주기도 한다. 일반적으로 사이버 공동체와 오프라인 모임의 관계는 발전과정의 상관관계 또는 상호작용으로만 설명되었다. 그렇지만 사이버 공동체의 오프라인 모임은 보다 발전적인 형태로 나타난다. 사이버 공동체는 오프라인 모임을 통해서 단순히 공고화되는 것만이 아니라 내용이 보다 풍부해지고, 신뢰와 연대감 형성과 내부적인 네트워크의 형성에 보다 결정적인 기여를 한다. 단순한 상호작용을 통한 물리적인 영향력의 증가가 아닌 화학적인 영향력의 증가로 그 효과는 배가된다.

사이버 공동체는 면 대 면 접촉이 이루어지지 않는 가운데에서도 내부의 초보적인 개인 이익에 기반한 정보공유와 교류 등의 집합재가 형성이 되기도 하지만 오프라인 모임이 활성화 될 경우 더욱 강한 내적 신뢰와 집합재의 형성이 가능하다는 점에서 사이버 공동체의 발전에서 중요한 의미를 가진다고 하겠다. 결국 사이버 공동체는 온라인에서 주요한 정보의 습득과 공론장 기능을 하지만 오프라인 모임을 통해서 더욱 확산적인 형태로 발전한다는 것이다. 건국 초기 미국에서 타운 미팅(town meeting)과 자발적인 결사체(association)가 확산되었듯이, 사이버 공동체 역시 초기 공동체 형성과 유사한 패턴을 보이고 있다. 일차적으로는 공통의 관심사를 가지고 모임이 형성되지만 내부의 안정적인 활동은 공동체 성원 간의 신뢰와 연대감을 강화시켜준다. 나아가 오프라인 모임은 회원들 간의 다양하고 폭 넓은 토론(debate)과 숙의(deliberation)로 발전하며 민주적인 운영을 가능하게 한다. 이는 내부의 민주적인 운영과 활동 강화를 가져오고 외적으로 네트워크를 형성하게 하는 계기로 작용한다. 그 결과 자연스럽게 사회참여 활동이나 호혜적인 활동에 관심을 가지는 과정을 거치고 있다. 이러한 발전의 바탕에는 사이버 공동체의 오프라인 모임의 효과가 내재되어 있다.

여섯째, 사례분석 결과 사이버 공동체에 참여하는 대부분의 운영자들과 참여자들은 자신들이 적극적으로 참여하는 공동체 내부의 의사결정 과정이 민주적이라고 생각하고 있었다. 하지만 아직 내부적으로 사이버 공동체 운영과 관련하여 민주적인 의사수렴 방법이나 개방적인 논의구조 등 제도적 장치는 별로 발견되지 않았다. 다만 이를 위한 노력에 모두가 공감하고 있을 뿐이었다. 결국 이메일(e-mail)이나 공지사항을 통한 단순한 차원의 의견수렴 과정을 밟아서 공동체의 중요한 의사결정이 이루어지고 그러다 보니 적극적인 소수의 의견이 전체의 의견으로 대변되기도 한다. 아직까지 회원들은 이런 세부적인 사안에 대해서는 불만을 가지고 있지는 않지만 결국 이러한 다수의 침묵은 오히려 사이버 공동체의 한 특징으로 자리 잡을 가능성이 농후하다. 회원들의 참여가 없다는 것은 결과적으로 사이버 공동체의 민주적인 발전에 장애가 될 뿐만 아니라 개인화·무관심화를 구조적으로 형성할 가능성도 크다는 점에서 향후 발전과정에서 해결해야 할 과제로 등장할 것이다. 사이버 공동체의 민주적인 운영은 단순히 한 공동체만의 문제가 아니기 때문에 운영의 민주성을 보완하기 위한 노력과 탐색은 과제가 될 것이다.

일곱째, 사이버 공동체의 집단행동과 참여와 관련된 한 특징은 항의(voice)와 탈퇴(exit)에서 잘 나타난다. 오프라인 공동체에서 개인은 자신이 속한 집단 내에 문제점이 발견되면 항의를 하고 개선되지 않으면 개인적인 차원에서의 탈퇴밖에 하지 못한다. 하지만 사이버 공동체에서는 이보다 진화된 형태의 집단행동이 가능하다는 점에서 오프라인 공동체와는 차별성을 가진다. 이는 사이버 공동체의 정치참여와 관련한 두 가지 함의를 표출하고 있다. 우선, 내적 운영의 건강한 긴장관계가 유지될 수 있어 운영진의 독단에 대항한 행동이 가능하다는 것이고 두 번째는 개인 차원의 행동이 아닌 집단행동으로 발전할 가능성이 크다는 것이다. 이로 인해 사이버 공동체의 참여자들은 저항적 행동에 참여하게 되고 자신의 이해를 지키기 위한 훈련을 하게 된다는 점에서 사이버 공동체의 저항적 참여가 가능하게 된다.

마지막으로, 본 연구의 중요한 함의 중 하나는 사이버 공동체의 정치참여가 온라인과 오프라인에서 각각 다르게 나타난다는 것이다. 그리고 이를 보다 세밀하게 구분해 보면 사이버 공동체의 4가지 형태별로 사회적 자본과 정치참여의 형태가 다르게 나타난다.

먼저, 온라인 영역에서 변수별로 평가해 보면 먼저 신뢰 및 연대감은 사회정치형 공동체와 정보형 공동체가 취미형이나 친목형 공동체보다는 높은 것으로 사료된다. 사례연구를 종합해 보면, 사이버 공동체 내의 정보의 이용성과 신뢰, 안정적인 커뮤니케이션, 운영진 간의 연대감 측면에서 사회정치형 공동체가 가장 높은 평가를 받았다. 역시 정보형 공동체도 높은 평가를 했는데 특히 정보형 공동체인 만큼 정보의 이용성과 안정적인 커뮤니케이션 분야에서 높은 평가를 받고 있었다. 이러한 현상은 운영진들보다는 일반 회원들의 긍정적인 평가가 더욱 높았다는 점에서 의미가 있었다.

그러나 취미형과 친목형 공동체의 경우 상대적으로 낮은 신뢰 및 연

148

대감이 형성되었는데 취미형 공동체는 정보의 이용성은 높았지만 커뮤
니케이션이 소수 중심으로 진행되고 회원 간의 연대감 형성도 상대적
으로 낮은 것으로 나타났다. 친목형 공동체도 내부적인 연대감과 커뮤
니케이션은 높았지만 학연과 지연에 기반한 일부 폐쇄적인 형태의 공
동체로 인해 포괄적이라기보다는 협소한 신뢰가 형성되고 있었다.

규범 및 규칙 역시 사회정치형과 정보형이 높은 것으로 나타났고 취
미형과 친목형이 낮은 것으로 조사되었다. 그리고 네트워크는 사회정
치형과 정보형이 높은 형태로 나타났다. 그 이유는 온라인 영역에서
새롭게 형성되었다는 면에서 친목형이나 사회정치형보다는 긍정적으로
인정되었기 때문이다. 내부운영의 민주적인 측면은 역시 사회정치형
공동체가 예상대로 가장 민주적으로 운영되고 있었다. 그러나 정보형
과 취미형, 친목형 공동체의 경우 우열을 가리기 힘들었지만 역시 정
보형의 경우 개별적인 이익이 반영되고 이것이 공동체 내에서 인정된
다는 측면에서 보다 민주적이라고 평가되어진다.

정치참여적인 측면도 역시 사회정치형과 정보형 공동체가 월등히 높
은 것으로 나타났다. 그리고 취미형과 친목형 공동체의 경우 이들에
비해서 상대적으로 낮은 평가를 받고 있었다.

〈표 V-12〉 온라인에서의 분류별 사회적 자본의 형태와 정치참여

	신뢰 및 연대감	규범 및 규칙	네트워크	정치참여
취미형 공동체	2	1	2	2
정보형 공동체	3	3	3	3
친목형 공동체	1	2	1	1
사회정치형 공동체	4	4	4	4

* 본 점수는 비교를 용이하게 하기 위해 변수별로 서열화한 순위를 나타내는 것임.
따라서 절대적인 점수측정은 아님. 4: 가장 높음   1: 가장 낮음

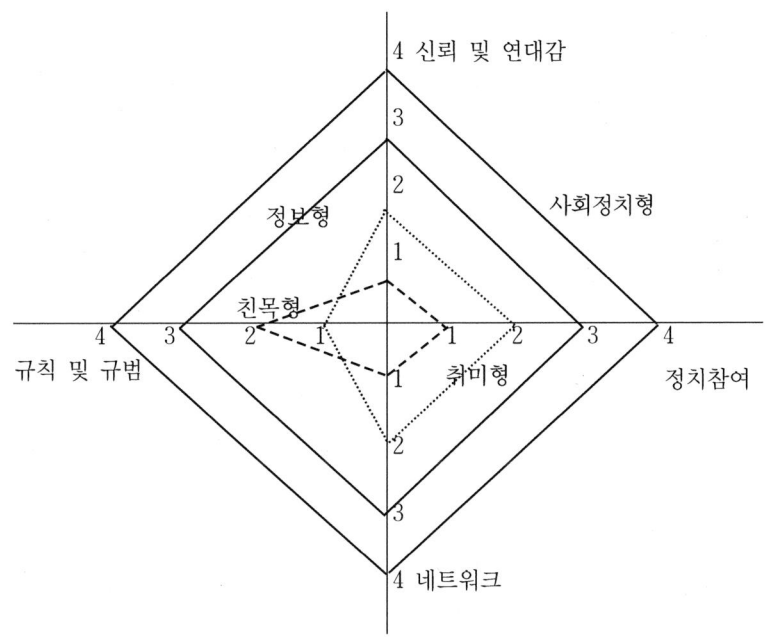

〈그림 V-1〉 분류별 온라인 사회적 자본의 형태와 정치참여

　다음으로 오프라인 영역에서 나타나는 사이버 공동체 참여자들의 사회적 자본과 정치참여에 대한 평가는 이와는 약간 다른 형태로 나타난다. 먼저 신뢰 및 연대감은 사회정치형과 친목형 공동체가 취미형이나 정보형 공동체보다 높게 나타난다. 역시 사회정치형 공동체의 경우 목적의식적인 형태의 공동체이기 때문에 내적인 신뢰와 연대감도 상대적으로 높은 반응을 보였다. 그러나 친목형의 경우 수직적인 관계가 아직 자리를 잡고 있기 때문에 내부적으로는 상호간의 긴밀한 연대감과 신뢰가 형성되지만 외부적으로 연결형 사회적 자본(bridging social capital)으로 발전하지 못하는 한계를 가지고 있다.

　오프라인에서 나타나는 사이버 공동체 참여자들의 규범과 규칙 역시 마찬가지로 사회정치형과 친목형 공동체가 높은 반면 정보형은 보통,

취미형은 아직 낮은 수준이다. 네트워크 측면 역시 사회정치형 공동체가 가장 높은 것으로 나타났고 다음이 정보형과 취미형, 친목형 공동체의 순서였다. 이렇게 분석되는 근거는 사회정치형 공동체의 경우 운영 측면이나 오프라인 간의 연계 등 많은 부분에서 네트워크 형성이 활발하고 수평적인 형태로 운영되었다. 그 다음이 정보형 공동체인데 정보형은 운영의 민주성 부분은 다소 떨어지지만 오프라인 간의 연계도가 상당히 높게 평가되었다. 이 같은 현상은 전문적인 정보형 공동체의 경우 보다 잘 나타난다. 그렇지만 취미형과 친목형의 경우 상대적으로 운영의 비민주적인 측면이 많이 나타나고 있으며 친목형의 경우 나이나 기수에 따른 위계적인 구조가 아직도 상당한 영향력을 가지고 있는 것으로 나타나 낮은 평가를 받았다.

오프라인에서의 사이버 공동체 참여자들의 정치참여도 설명변수의 결과와 어긋나지 않아 사회정치형 공동체가 가장 활발한 정치참여적인 경향을 보이고 있고 다음이 정보형 공동체이고 취미형 공동체와 친목형 공동체는 상대적으로 낮았다. 특히 사회정치형 공동체의 경우 오프라인에서의 일정한 목적을 가지고 형성되는 경우가 많기 때문에 더욱 오프라인에서의 참여적인 경향이 강하다. 그렇지만 친목형의 경우 친목모임 또는 동문회의 성격이 강하게 형성되어 있는 사이버 공동체이기 때문인지 현실에서 정치참여는 크게 나타나지 않았다.

사례연구에서도 친목형과 취미형의 경우 일부를 제외하고 거의 오프라인 영역에서의 정치참여적인 항의, 시위참여, 서명 등이 나타나지 않았다. 다만 사회적으로 중요한 이슈가 되는 경우 부분적으로 참여하는 경향을 보였다.

〈표 V-13〉 오프라인에서의 분류별 사회적 자본의 형태와 정치참여

	신뢰 및 연대감	규범 및 규칙	네트워크	정치참여
취미형 공동체	1	1	2	2
정보형 공동체	2	2	3	3
친목형 공동체	3	3	1	1
사회정치형 공동체	4	4	4	4

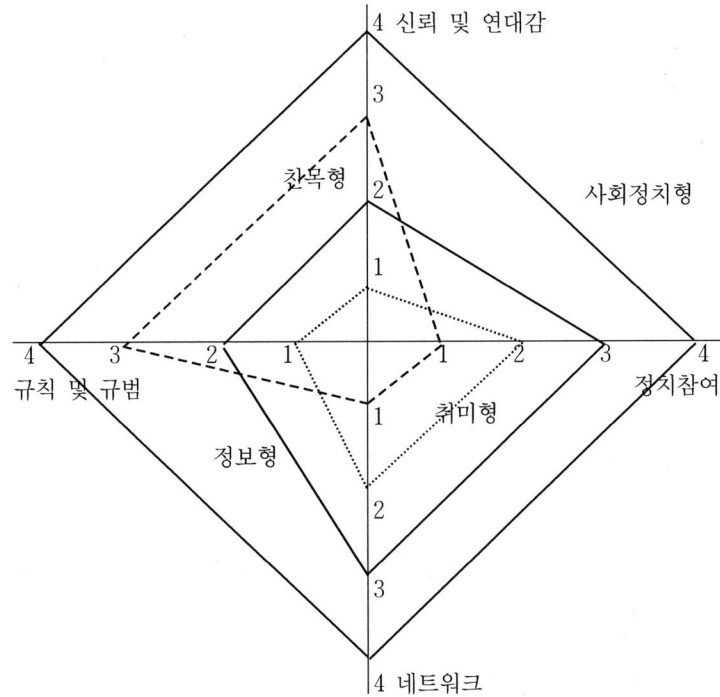

〈그림 V-2〉 분류별 오프라인 사회적 자본의 형태와 정치참여

결론적으로 사이버 공동체의 온라인과 오프라인 영역에서의 사회적 자본과 정치참여는 비슷한 경향을 보였지만 목적별 분류에 따라서 온라인과 오프라인에서의 사회적 자본과 정치참여가 다른 양상으로 나타났다. 결국 사이버 공동체가 목적별 분류에 따라 정치참여 면에서는 분화되고 있다는 결론에 도달할 수 있다. 현재까지의 추세로 보면, 한국에서의 사이버 공동체의 발전과정은 취미형과 친목형 공동체는 정치적 무관심의 방향으로 흐를 가능성이 높으며, 사회정치형과 정보형 공동체는 상대적으로 다양한 사회참여 지향적인 형태로 발전할 가능성이 높다.

제VI장 결 론

한국은 발전된 IT 인프라로 인해 다른 나라에 비해 다양한 사이버 문화가 빠르게 확산되고 있다. 사이버스페이스에서의 활동은 개인 차원에서 단순한 소식전달 기능으로서의 이메일뿐만 아니라, 기업영역에서는 전자상거래의 발전과 전자 구매의 확대, 회사자원관리 시스템(ERP)을 구축하기도 했다. 아울러 사이버 문화현상은 정치적으로도 많은 변화를 가져왔다. 행정전산화에 이어 전자정부의 도입이 논의되고 있고 행정의 시민참여 보장, 전자투표(e-voting), 인터넷 시민운동의 활동도 한층 확산되고 있다.

급격한 변화의 격류 속에서 본 연구는 사이버스페이스에서 형성된 공동체의 사회적 자본과 구성원들의 역동성에 연구의 초점을 맞추었다. 본 연구는 인터넷의 발전을 통해 형성된 사이버 공동체의 특성을 규명하고 그 활동이 네티즌이라는 참여자들 내지는 인터넷 시민들의 정치참여에 어떤 영향을 미치는가를 밝혀내고자 했다. 이를 위해 방법론적으로는 계량적인 설문조사와 사례연구 방법을 적용하는 통합적 연구방법으로 연구의 설명력을 높이고자 했다. 그 결과 사이버 공동체의 특성과 정치참여에 대해서 다음과 같은 결론이 유도되었다.

사이버 공동체 참여자들이 가지고 있는 정치참여 형태에 따른 실증분석의 결과는 첫째, 사이버 공동체의 활동 특히 사회적 자본의 구성요소인 '신뢰 및 연대감 요인(F1)'과 '규범 및 규칙 요인(F2)', '네트워크(F3)'에 따라서 현실(오프라인) 정치참여는 변수들이 부분적으로 유의했지만, 모두를 만족시키는 설명력을 가지지 못했다. 그러나 토론, 민주적 운영, 사이버 항의 등 온라인 내부적인 정치참여 활동은 상대적으로 높은 영향이 있고, 통계적으로도 유의한 설명요인이 더 많이

154

채택되었다. 이는 현재의 사이버 공동체의 정치참여는 오프라인보다
온라인상에서 더욱 활발하게 진행되고 있음을 의미한다. 이 같은 결과
는 사례연구에서도 확인되었다.

그리고 둘째, 사이버 공동체 참여자들의 향후 사회·정치적인 단체
참여 가능성은 현재의 관심도에 비해 무척 높은 것으로 나타났다. 계
량연구와 사례연구 모두에서 확인된 바이지만 사이버 공동체 참여자들
의 신뢰와 규범, 수평적인 호혜성은 상당히 높이 발현되고 있으며 많
은 활동이 이루어지고 있다. 이는 사이버 공동체 참여자들이 구체적인
정치행위에 대한 참여와 신뢰의 형성을 통한 사회적 자본의 확대까지
발전하지 못했지만 시민 민주주의의 훈련장으로 교육과 단련을 통해
자발적인 참여와 사회·정치적 참여의 확대를 촉진시킬 수도 있음을
확인해 주고 있다.

셋째, 사이버 공동체 참여자들은 집단적으로 형성되는 사회적 자본
의 형태에 따라 그리고 가입하는 공동체의 목적별로 정치참여의 정도
에는 차이가 있다. 사이버 공동체는 참여자들의 정치참여의 양(量)적
인 확대에는 한계가 있었지만, 정치참여 방법의 다양화를 통해 질(質)
을 높이는 효과를 만들고 있는 것이다. 이미 정치에 관심이 있는 개인
들은 사이버 공동체 활동을 하게 됨으로써 보다 많은 정보를 습득하
고, 토론을 통해서 의사표현을 하는 등 정치적인 참여의 새로운 형태
로 발전시킬 가능성이 높다는 것이다.

사례연구에서는 보다 많은 연구결과가 도출되었다. 먼저, 사이버 공
동체의 특성을 정리해 보면 3가지로 구분할 수 있고 이를 '사이버 공
동체의 이중성'으로 명명했다. 기능적으로 사이버 공동체는 순기능과
역기능이 상존하고, 행태적으로 외부 집중과 내부의 분화적 경향이 있
고 셋째, 사이버 공동체가 발전할수록 온라인과 오프라인의 상호작용
성(interactivity)이 강하다는 것이다. 특히 사이버 공동체의 오프라인
활동은 신뢰나 규범형성, 네트워크 구축 등에 있어 공동체의 내적 역

동성을 배가시켜 준다는 점에서 보다 큰 의미를 가진다. 이는 사이버 공동체가 온라인 활동에서만 한정될 경우보다는 오프라인 활동과 결합할 경우 공동체 확대와 발전에 있어 새로운 에너지를 얻을 수 있다는 점에서 큰 의미를 가진다.

둘째, 본 연구의 목적인 공동체의 사회적 자본 형성과 참여자들의 정치참여 경향에 대한 결과로는 설문조사의 결과와 같이 사이버 공동체는 내부적인 역동성은 강하지만 외부로 발현되는 형태는 약한 것으로 조사되었다. 따라서 새로운 공동체 형태로서의 사이버 공동체에서도 향후 정치에 적극적인 참여를 할 수 있는 목적의식적인 노력이 있어야 할 것으로 사료된다. 비록 사안에 따라 산발적으로 사이버 공동체의 내적인 역동성을 외부로 표출하기도 하는데 선거참여나 사회적인 사건 등 계기가 주어지면 사이버 공동체 참여자들은 보다 적극적으로 참여하며 그 잠재력도 높다.

셋째, 정기적이고 안정적인 운영을 하고 활발한 커뮤니케이션과 오프라인 모임이 많을수록 현실 참여적인 경향이 강했다. 이는 주요한 정보의 습득과 사이버 공론장(cyber public sphere)으로서 사이버 공동체가 그 기능을 수행하고 있음을 확인해 주었다.

넷째, 사이버 공동체 내부의 역동성이 강하다는 것은 내적으로 사회적 자본이 형성될 조건이 충족되고 있음을 의미한다. 각 공동체별로 차이는 있지만 신뢰와 규범, 네트워크로 이루어진 사회적 자본이 확산되고 내부적으로 사회적 자본이 강하게 형성되는 공동체일수록 오프라인 공동체와 마찬가지로 정치참여와는 정비례적인 관계가 있음을 확인할 수 있었다.

다섯째, 사이버 공동체에 참여하는 운영자들과 참여자들은 대부분 자신들이 적극적으로 참여하는 공동체 내부의 의사결정 과정이 민주적이라고 생각하고 있었다. 하지만 실제에 있어서 내부적인 민주적인 의사수렴 방법과 개방적인 논의구조를 위한 제도적 보완은 취약했다. 따라서 사이버 공동체 회원들의 참여적인 성격을 강화하기 위해서는 기술적, 제도적 보완과 함께 다각적인 노력이 필요할 것으로 보인다. 그리고 내부 의견수렴을 위한 사이버 폴, 전자투표, 의견함, 회원들이 접근하기 쉬운 운영제도 개선 등의 기능을 확장시켰을 때 사이버 공동체의 내부적인 민주성은 향상될 것이다.

여섯째, 사이버 공동체의 참여는 이전의 오프라인 공동체의 참여행태와는 다른 형태로 발전할 수 있는데 이른바 저항적 참여가 가능하다는 것이다. 이는 피파 노리스(P. Norris)의 저항적 행동주의와 같은 것으로 사이버 공동체의 운영과 참여에 있어 중요한 특징으로 나타난다. 오프라인 공동체에서 개인은 자신이 속한 집단 내에 문제점이 발견되면 항의(voice)를 하고 개선되지 않으면 개인적인 차원에서의 탈퇴(exit)밖에 하지 못한다. 하지만 사이버 공동체에서는 이보다 진화된 형태의 집단행동(collective action)이 가능하다는 점에서 오프라인 공동체 내의 참여적 행태와 다른 차별성을 가진다.

마지막으로, 각 공동체 분류별로 사회적 자본과 정치참여의 행태가 다르게 나타났다. 이는 앞서 계량적 연구결과와 일치하며 구체적인 사례연구로도 확인되었다. 사이버 공동체는 그 목적에 따라 차별성을 가지고 발전하고 있으며, 설명변수인 사회적 자본의 3대 구성요소와 정치참여 성향도 다르다. 한국에서의 사이버 공동체는 취미형, 친목형 공동체의 경우 개인화·파편화와 정치적 무관심의 방향을 갈 가능성이 높으며, 사회정치형과 정보형 공동체는 상대적으로 참여적인 형태로 발전할 가능성이 높다. 이 같은 현상은 사이버 공동체의 정치참여적 경향의 현 수준을 확인해 주는 것이라 할 수 있다. 지적한 대로 아직 공동체 참여자들의 정치적인 영향력 확대는 무리가 있다는 한계를 보인 것이다. 따라서 이를 어떻게 극복할 것인가가 사이버 공동체의 정치참여를 확대시키는 데 있어 중요한 과제가 될 것이다.

이상의 계량연구와 사례연구를 통해서 사이버 공동체의 정치참여는

오프라인 공동체와는 다른 운동의 법칙을 가지며 있음을 확인했다. 이
상의 연구를 종합하면 공동체의 정치참여(PP)는 다음과 같은 〈식 Ⅵ
-1〉과 같은 방정식으로 전환이 가능할 것이다.

$$PP = f \{ (a \times Trust) \cdot (b \times Norm) \cdot (c \times Net) \} \qquad \text{〈식 Ⅵ-1〉}$$

각 수식에서 PP는 정치참여(Political Participation), a와 b, c는 각
각 상수이다. 수식을 해석하면 공동체의 정치참여의 크기는 설명변수
인 내부의 신뢰와 규범, 네트워크 형태의 함수라고 할 수 있다. 상수
a, b, c에 따라서 각 사이버 공동체의 정치참여의 크기와 방향이 결정
될 것이다. 계량분석의 다중회귀 분석에서 증명된 바와 같이, 통계적으
로 유의한 신뢰, 규범 변수들은 모두 양(+)의 방향으로 도출되었다.
그리고 사례연구에서도 네트워크 변수도 양의 방향으로 확인되었다.
따라서 독립변수가 양의 방향으로 결정되면 정치참여 함수식은 모두
양으로 산출된다.

이러한 공동체의 정치참여 방정식을 사이버 공동체에 적용하면 다음
과 같은 수식으로 발전된다. 사이버 공동체의 정치참여는 외적으로 나
타나는 오프라인 영역과 내부적인 온라인 영역에서 다르게 나타나고
있었다. 그리고 그 차이는 결국 내적으로 형성된 신뢰와 규범, 네트워
크의 정도에 따라서 각기 다르게 나타나고 있었다. 식에서 (off)는 오
프라인(off-line)에서의 정치참여를 (on)은 온라인(on-line)에서의 정치
참여를 가리킨다.

$$PP(off) = f \{ (a \times Trust) \cdot (b \times Norm) \cdot (c \times Net) \} \qquad \text{〈식 Ⅵ-2〉}$$
$$PP(on) = f \{ (a \times Trust) \cdot (b \times Norm) \cdot (c \times Net) \} \qquad \text{〈식 Ⅵ-3〉}$$

그렇지만 사이버 공동체 내에서의 활발한 움직임에도 불구하고 오프

라인 영역의 정치참여보다 온라인 영역의 정치참여가 활발하다는 것이
본 연구에서 확인되었기 때문에 PP(off)와 PP(on)의 크기는 다르게
나타난다. 따라서 식은 다음 〈식 Ⅵ-4〉와 같이 설정된다.

$$PP(off) \langle PP(on) \qquad \qquad \langle 식 \ Ⅵ\text{-}4 \rangle$$

결국 앞서 토론한 온라인 영역에서의 사이버 공동체의 정치참여를
표시하는 〈식 Ⅵ-2〉와 오프라인 영역의 정치참여를 나타내는 〈식 Ⅵ
-3〉은 다음과 같이 변경된다.

$$PP(off) = f \{ (a \times Trust) \cdot (b \times Norm) \cdot (c \times Net) \} \qquad \langle 식 \ Ⅵ\text{-}5 \rangle$$
$$PP(on) = f \{ (a \times Trust) \cdot (b \times Norm) \cdot (c \times Net) \} + a \qquad \langle 식 \ Ⅵ\text{-}6 \rangle$$

이상의 방정식은 3가지의 결론을 내포하고 있다. 우선, 사이버 공동
체의 정치참여는 공동체 내부의 신뢰, 규범, 네트워크에 따라서 다른
형태로 나타난다는 것을 알려준다. 즉 사이버 공동체의 사회적 자본의
형태와 유형에 따라 정치참여는 다르게 나타난다는 것이기도 하다. 둘
째, 사이버 공동체에서는 활발하고 다양한 정치참여적인 움직임에도
불구하고 오프라인 영역의 정치참여보다 온라인 영역에서 더욱 활발하
다는 점이다. 마지막으로 사이버 공동체의 정치참여 온라인에서의 정
치참여는 오프라인보다 발전되고, 확산되는 추세이다. 특히 〈식 Ⅵ-6〉
에서 a는 오프라인에서는 나타나지 않은 온라인상의 정치참여적인 행
태들이다. 예를 들면, 사이버 시위, 사이버 서명운동, 집단행동의 조직
화, 기타 의사표시와 항의행위 등이다. 이 같은 참여방법은 전통적인
참여적인 방법과는 다른 방식으로 결국 이런 것들이 사이버 공동체의
온라인적인 네트워크형의 정치참여를 더욱 확대시킬 것이다.

이상의 논의를 마치면서 연구자는 사이버 공동체에서의 사회적 자본

의 형성과 정치참여의 가능성을 확인하고 현실에서 어떻게 하면 정치
참여를 활발하게 확산시킬 것인지에 대해 몇 가지 제언으로 연구를 마
치려 한다.

분석한 것과 마찬가지로 여러 제약요인과 부정적인 형상에도 불구하고
큰 틀에서 사이버 공동체는 내부적으로 신뢰와 규범, 네트워크라는 사회
적 자본의 형성이 태동되고 있으며 이에 역동적으로 단련되어 민주주의
의 발전적인 흐름을 견지하고 있다. 현재 수준의 사이버 공동체는 낮은
수준의 사회적 자본 수준이지만 지역별 상황에 맞거나 잘 조직화된 제도
가 형성되어 있다면, 보다 광범위하게 사회적 자본의 형성과 정치참여의
광장에 나설 가능성도 높을 것이다. 이 같은 사실은 미국의 사회적 자본
형성과 공동체참여에 관한 퍼트남과 필드스타인(Robert D. Putnam and
Lewis M. Feldstein)의 연구에 의해서도 증명되었다. 이들은 장기적으로
형성되고 그 경향이 유지되는 경로의존성(path dependency)에 매몰된
것이 아니라 다른 조건에서 형성된 공동체도 제도의 정비와 참여자들의
노력이 있다면 사회적 자본을 만들고 새로운 형태의 시민참여를 확대할
것이라고 했다.150) 사이버 공동체에서도 이러한 새로운 사례연구와 현상
분석이 꾸준히 시도되어야 할 것으로 보인다. 따라서 사이버 공동체의 정
치참여적인 연구도 추가적인 분석을 통해서 변화하는 현상에 대한 적극
적인 검토가 있어야 할 것이다.

둘째, 보다 많은 사이버 공동체 참여자들의 정치참여를 확대하기 위
해서는 정당이나 사회단체 특히 시민운동 단체 같은 공공성을 가지는
조직의 노력이 필요하다. 사회조직은 사이버 공동체의 운영이 단기적
인 실익은 없기 때문에 필요한 시기만 활용하고 있는데 이제는 적극적
인 노력으로 건전한 사이버 공동체 문화의 확산과 내적 역동성을 극대
화할 수 있는 방법을 발굴해야 할 것이다. 그런 대표적인 사례는 〈노

---

150) Robert D. Putnam, and Lewis M. Feldstein,(2003) 참조 바람.

160

사모〉와 〈개혁국민정당〉의 소모임 운영으로, 이를 주목하여 적용한다
면 사이버 공동체가 보다 활발한 참여의 가능성을 가지게 될 것이다.
특히 최근의 정당 및 이익집단의 홈페이지가 내부적으로 커뮤니티 기
능을 늘리고 토론장으로서의 기능을 강화하고 있는 것은 앞으로 발전
가능성을 보여주는 것이다.151)

　셋째, 사이버 공동체 간의 연대는 공동체의 다층적인 차원의 참여수
준을 확대할 수 있을 것이다. 대부분의 사이버 공동체는 개별적·고립
적으로 운영되고 있지만 이를 연계해 줄 수 있는 보다 확장된 형태의
수평적 네트워크가 존재한다면 서로간의 경쟁과 협력의 가능성을 가지
게 된다는 점에서 긍정적이다. 물론 이러한 네트워크가 결코 중앙 집
중적이거나 위계적인 권력구조로 구성되어서는 안 될 것이다. 가능하
다면 네티즌들의 입장에서 사회적인 이슈를 제기하고 이를 확산시킴으
로 보다 사회적인 사안에 대한 관심과 참여를 강화해야 할 것이다.

---

151) 국회의원 총선거에서 네티즌 당원을 대상으로 비례대표를 선출한다는 것
　　도 단기적으로 정당내의 사이버 공동체 활동을 활성화해줄 것이다. 그러
　　고 궁극적으로는 네티즌들의 정치관심의 증대를 가져올 것이란 측면에서
　　정치참여를 가속화시킬 것이다.

참고 문헌

1. 국내 문헌

강원택. 2003. "인터넷과 정치과정", http://home.nec.go.kr/upload/pds/ 인터넷과정치.hwp(검색일: 2003년 10월 8일).

강정인. 1999. "정보기술과 원격 민주주의 – 비판적 전망", 『세계화, 정보화, 그리고 민주주의』 서울: 문학과 지성사.

강정인, 이현우, 이원태. 2002. "정보화와 한국인의 의식변화: 네티즌의 동호회 활동을 중심으로", 『한국과 국제정치』 18권 4호, 99-132.

경희대학교 사회과학연구원. 1999. 『알기 쉬운 조사방법론』 서울: 한언.

고상두. 2001. "참여민주주의를 위한 시민단체의 역할: 총선시민연대", 참여사회 연구소시민사회분과 세 번째 세미나 발제문, 참여사회 연구소.

고영만. 2002. "인터넷과 정치참여 – 노사모의 사례를 중심으로", 서강대학교 정치외교학과 석사학위논문.

김도현. 2000. "가상'공동체'인가 '가상'공동체인가", 『창작과 비평』 107호. 2000년 봄. 67-79.

김성국. 2000. "사이버 공동체 형성의 과제: 자유해방주의적(Liberterian) 관점에서", 『사회이론』(봄/여름호) 한국사회이론학회, 30-55.

김용철·윤성이. 2005. 『전자민주주의: 새로운 정치패러다임의 모색』 서울: 오름.

김용학. 2003. "한국사회의 학연: 사회적 자본의 창출에서 인적 자본의 역할", 한국사회학회 국제학술대회.

김유식. 2004. 『인터넷 스타 개죽아, 대한민국을 지켜라!』 서울: 랜덤하우스 중앙.

김의영. 1999. "한국 이익집단 정치의 개혁방안." 사회과학원 편, 『계간 사상』 1999. 여름호.

김환석. 1999. "정보 기술과 정보 사회를 어떤 관점에서 볼 것인가", 크리스챤 아카데미 시민사회 정보포럼 편. 『시민이 열어가는 지식정보사회』 서울: 대화출판사.

노형진. 2000. 『한글 SPSSWIN에 의한 조사방법 및 통계분석』 서울: 형설출판사.

노혜경. 2002. 『유쾌한 정치반란 노사모』 서울: 개마고원.

도준호 외. 2000. "인터넷의 사회, 문화적 영향 연구", 서울: 정보통신정책연구원.

레비 피에르(Pirre Levy)저. 김동윤·조준형 옮김. 2000. 『사이버 문화』 서울: 문예출판사.

루소 저. 이태일 옮김. 2002. 『사회계약론』 서울: 범우사.

마뉴엘 카스텔 지음. 김묵한·박행웅·오은주 옮김. 2003. 『네트워크사회의 도래』 서울: 한울아카데미.

마크 스미스 외 편. 조동기 역. 2001. 『사이버공간과 공동체』 서울: 나남.

민경배. 2002. "정보사회에서의 온라인 사회운동에 대한 연구-한국의 사례를 중심으로", 고려대학교 대학원 사회학과 박사학위논문.

박기홍. 2002. "사이버 커뮤니티에서의 사회적 자본 형성가능성에 대한 연구 – ISP의 역할을 중심으로", 서강대학교 공공정책대학원 석사 학위논문.

박동진. 2000. 『전자민주주의가 오고있다』. 서울: 책세상.

박종민. 1994. "한국에서의 비선거적 정치참여", 한국정치학회. 『한국정 치학회보』 28권 1호, 163-182.

박종민·김왕식. 2005. "사회신뢰의 생성: 시민사회와 국가제도의 역 할", 한국행정학회 동계학술대회. 서울.

박희봉·김명환. 2000. "우리나라 지역사회의 사회자본 증진에 관한 연 구: 사회자본 측정과 분석을 위한 시도", 한국정치학회. 『한국정 치학회보』 제34집 4호.

백선기. 2003. 『정치담론과 인터넷』 서울: 커뮤니케이션북스.

백승현. 2000. "참여 민주주의와 의회 정치", 의회발전연구회. 『의정연 구』 9호. 서울: 한국의회발전연구회.

백욱인·홍성욱 엮음. 2001. 『2001 싸이버스페이스 오디쎄이』 서울: 창 작과 비평사.

변기옥. 1998. "시민단체의 對국회 정치운동 분석: 참여 민주주의의 이 론과 실제."
http://www.ngo.hanyang.ac.kr/m02/tmp/old_pds.d/19981111.hwp
(검색일: 2003년 10월 8일).

사이버문화연구소. 2003. 『한국의 온라인 커뮤니티, 역사와 동향』 조사 연구보고서.

삼성경제연구소. 2003. "한국사회의 가치관 급변과 혼돈", CEO Information 397호.

서이종. 2002. 『인터넷 커뮤니티와 한국사회』. 서울: 한울아카데미.

서진완·박희봉. 2003. "인터넷활용과 사회자본 – 사이버 공동체의 사회
　　자본 형성 가능성을 중심으로", 한국정책학회. 『한국정책학회보』
　　제12권 1호.

설한. 2001. "정치참여와 권력: 전통적 참여논의의 재평가와 수행적 참
　　여에 대한 새로운 이해", 한국국제정치학회. 『국제정치논총』 41
　　권 3호, 437-459.

성선제. 2003. "사이버스페이스를 어떻게 평가할 것인가?" 정보통신정
　　책연구원 편. CLIS Montyly. http://www.kisdi.re.kr(검색일:
　　2003년 9월 2일).

송경재. 2002a. "한국의 산업화와 사회적 자본 연구", 한림대학교 학술
　　원. 『신뢰연구』 제12권 1호. 춘천: 한림대학교 학술원.

＿＿＿. 2002b. "사이버 커뮤니티와 사회적 자본 연구", 경희대학교 대
　　학원. 『고황논집』 제31집. 서울: 경희대학교 대학원.

＿＿＿. 2005. "네트워크시대의 인터넷 정치참여 – 탄핵정국 디시인사이
　　드 정치토론 게시판을 중심으로", 한국사회역사학회 편. 『담론
　　201』 8권 3호.

신정현. 1996. 『정치학』 서울: 법문사.

양병화. 1998. 『다변량 자료분석의 이해와 활용』 서울: 학지사.

온라인 커뮤니티 비엔날레 2003 사무국. 2003. "온라인 커뮤니티 비엔
　　날레 2003(http://www.open4u.org) 자료집"

유석진. 2000. "정보화와 21세기 한국정치", 세종연구소 편. 『국가전략』
　　6권 2호.

＿＿＿. 2002. "정보화 시대의 탈퇴와 항의", 미래전략연구원.
　　http://kifs.org/main/info_article_view.php?section=2&s_id=1060

(검색일: 2003년 6월 14일).

윤건영·김항인. 2001. "정보화 시대에 신뢰함양을 위한 도덕교육", 서울대학교 국민윤리교육과. 『지구촌 시대의 신뢰회복과 신뢰구축』 서울: 서울대학교 국민윤리교육과.

윤성이. 2001. "정보사회의 명암과 시민사회의 역할", 한국정치학회, 한국사회학회 공동학술회의 발표문.

_____. 2003. "한국의 사이버 민주주의", 2003 서강대학교 사회과학연구원·사회과학연구소 공동주최 학술회의 발표 논문집.

윤영민. 2000. 『사이버공간의 정치』 서울: 한양대학교 출판부.

윤형섭·김영래. 1989. "한국이익집단의 정치참여에 대한 연구", 한국정치학회. 『한국정치학회보』.

이유진. 1997. "PC통신, 인터넷과 한국의 전자민주주의 가능성에 대한 고찰", 한국정치학회. 『한국정치학회보』 제31집 제1호.

이원태. 2003. "사이버 공동체와 한국사회", 2003 서강대학교 사회과학연구원·사회과학연구소 공동주최 학술회의 발표 논문집.

이원태. 2004. "인터넷 정치참여에 관한 연구: 2004년 한국의 17대 총선정국을 중심으로", 서강대학교 박사학위논문.

이재관. 2002. 『사이버 공동체의 성공요인』 아산재단연구총서. 서울: 집문당.

이지은. 2003. "인터넷시대 새 패러다임 블로그", inews24.com

이향순. 2001. "한국 시민 사회의 형성과 참여 민주주의", 참여사회 연구소. 시민사회분과 세미나 발표문.

이현우. 2002. "인터넷과 사회자본의 강화를 통한 선거참여: 미국 2000

년 대선의 경우", 한국정치학회.『한국정치학회보』36집 3호.

일리노 오스트럼 저. 윤홍근 역. 1999.『집합행동과 자치제도』. 서울: 자유기업센터.

임혁백. 2000. "민주주의의 새로운 패러다임", 의회발전연구회.『의정연구』6권 2호.

정연정. 2002. "인터넷과 집단행동의 논리: 올슨(Olson)의 집단행동의 논리를 중심으로", 한국정치학회.『한국정치학회보』제36집 1호, 69-86.

장우영. 2005.『인터넷 규제와 거버넌스의 정치』서울: 한국학술정보.

장용호. 2002.『사이버공동체 형성의 역동적 모형』서울: 집문당.

정보통신정책연구원·사이버문화학회(2003) "사이버공동체 속에서의 인간과 규범", 공동포럼 자료집

정지환. 2002. "동원의 사회학에서 참여의 사회학으로",『유쾌한 정치 반란 노사모』서울: 개마고원.

제일기획. 2003. "대한민국변화의 태풍 - 젊은 그들을 말한다", 마케팅 보고서.
http://www.cheil.com/cheilfile/cheilhome/report/910_P-generation.pdf(검색일: 2004년 7월 2일)

조순제. 1999. "지방자치와 주민참여: 근린조직의 활성화를 중심으로", 대구대학교 사회과학연구소.『사회과학연구』제6집 2호, 349-369.

조일수. 2002. "디지털 민주주의 형성을 위한 민주 시민성 연구", 서울대학교 대학원 국민윤리교육과 박사학위논문.

조진호. 2002. "가상공간에서 합의에 의한 도덕규범의 확립 시도", 서울대학교 아시아 태평양 교육발전연구단.

조화순·송경재. 2004. "인터넷을 통한 시민정책참여: 단일이슈 네트운
　　동의 정책결정과정", 한국행정학회 편.『한국행정학보』38권 5호.

조희제. 2003. 미디어 다음.(검색일: 2003년 5월 4일).

　　http://issue2.daum.net/20021204__cyberpower/?__top__Issue&t1
　　http://issue2.daum.net/20021204__cyberpower/sub2/index.html

참여사회연구소. 1997.『참여민주주의와 한국사회』서울: 창작과비평사.

최영종. 2002. "한국과 일본의 경제구조개혁 비교 – 정치제도와 사회자
　　본의 역할을 중심으로", 고려대학교 아세아문제연구소.『아세아
　　연구』제42권 2호.

최원기. 2002. "한국의 문화변동과 신문화운동으로서의 '붉은 악마' 응
　　원문화", 사회과학원 편.『계간 사상』2002 여름호. 164-183.

최정규.『이타적 인간의 출현』(서울: 뿌리와 이파리, 2005).

코리아리서치센터. 2003. "국민대통합 여론조사."

크리스챤 아카데미 시민사회 정보포럼. 1999.『시민이 열어가는 지식정
　　보 사회』서울: 대화출판사.

토크빌 저. 임효선·박지동 옮김. 2002.『미국의 민주주의 Ⅰ, Ⅱ』서
　　울: 한길사.

통계청. 2002.『2002년 정보화실태조사 결과』통계청 통계정보 시스템.
　　http://kosis.nso.or.kr(검색일: 2003년 8월 14일).

프랜시스 후쿠야마 저. 한국경제신문 국제부 역. 2001.『대붕괴 신질서』
　　서울: 한국경제신문사.

프리랜서 그룹 이채. 2003.『다음카페 100』. 서울: 이채.

한국인터넷정보센터. 2003. "2003년 6월 기준 정보화 실태 조사 요약
　　본", http://isis.nic.or.kr/(검색일: 2003년 9월 2일).

한국전산원. 2002. 『2002 국가정보화 백서』. 서울: 한국전산원.

_____. 2003. 『2003 국가정보화 백서』. 서울: 한국전산원.

한아진. 2003. "7000번 버스를 함께 타는 사람들", 오마이 뉴스 73호, 2003년 10월 2일.

현대경제연구원. 2002. "R세대의 등장과 국가·기업의 과제", 서울: 현대경제연구원.

홍미연. 2002. "새로운 정치참여: 인터넷 정치관련 사이트를 중심으로", 『커뮤니케이션 과학』 제19호, 47-72.

홍성태. 2000. 『사이버사회의 문화와 정치』 서울: 문화과학사.

홍성욱. 2002. 『네트워크혁명 그 열림과 닫힘』 서울: 도서출판 들녘.

황용석. 2001. "인터넷 이용과 정치참여에 관한 탐색적 연구 - 제16대 총선 기간 동안 인터넷 정치사이트 이용을 중심으로", 한국언론학회. 『한국 언론학회보』 제45-3호, 421-456.

황주성, 조동기, 김상배, 강홍렬, 유지연, 최선희, 김성우, 조희경. 2002. 『사이버문화 및 사이버공동체 활성화 정책방안 연구』 정보통신정책연구원 연구보고 02 - 45.

황홍식. 2003. 『학연 지연보다 강한 디지털 인맥』 서울: 영진.COM.

2. 해외 문헌

Almond, Gabriel and Sidney Verba. 1963. *The Civic Culture: Political Attitudes and Democracy in Five Nations*. Princeton,

NJ: Princeton University Press.

Armstrong, Arthur. & Hagel, John. 1996. "The Real Value of On-Line Communities", *Harvard Business Review*. 1996 May-June.

Australian Bureau of Statics. 2002. *Measuring Social Capital-Discussion Summary and Next Steps*. Discussion paper.

Barber, Benjamin. 1984. *Strong Democracy, Participatory Politics for a New Age*. University of California Press.

Berman, Sheri. 1997. "Civil Society and Political Institutionalization". *American Behavioral Scientist* 40, 401-429.

Bimber, Bruce 1998. "The Internet and Political Transformation: Populism, Community and Accelerated Pluralism", *Polity* Vol. 31 No.1.

Cohen, Jean. 1999. "Trust, voluntary association and workable democracy: the contemporary American discourse of civil society", Mark E. Warren, eds. *Democracy and Trust*. London: Cambridge University Press.

Coleman, James. 1988. "Social Capital in the Creation of Human Capital", *American Journal of Sociology* 94.

Conway, Margaret. 1991. *Political Participation in the United States*. CQ Press.

Crozier, Michel. J., Huntington, Samuel. P. and Watanuki, Joji. 1975. *The Crisis of Democracy* New York: New York University Press.

Davis, Steve., Elin, Larry. and Reeher, Grant. 2002. *Click on*

Democracy: The Internet's Power to Change Political Apathy into Civic Action. Westview.

Diamond, Larry. 1999. *Developing Democracy: Toward Consolidation.* Baltimore and London: The Johns Hopkins University Press.

Fernback, Jan. and Thompson, Brad. 1995. "Virtual Communities: Abort, Retry, Failrue?"

Fukuyama, Francis. 1995. *Trust: The Social Virtues and the Creation of Prosperity.* New York: Free Press. 구승회 역. 1996. 『트러스트: 사회도덕과 번영의 창조』 서울: 한국경제신문사.

_____. 1999. *Social Capital and Civil Society.* IMF Conference on Second Generation Reforms(검색일: 2002년 12월 5일).

Habermas, Jurgen. 1991. *The Structural Transformation of the Public Sphere.* Cambridge, Mass: The MIT Press.

Hirschman, Albert. O. 1970. *Exit, Voice and Loyalty: Responses to Decline in Firms, Organizations and States.* Cambridge. MA: Harvard University Press.

Holmes, David. 1997. "Virtual Identity: Communication of Broadcast, Communities of Interactivity", David Holmes ed. *Virtual Politics: Identity and Community in Cyberspace.* Sage Publications. 26-45.

Hooghe, Marc and Stolle, Dietlind. 2003. *Generating Social Capital: Civil Society and Institutions in Comparative Perspective.* New York: Palgrave Macmillan.

Jones, Steve(ed). 1999. *Doing Internet Research: Critical Issues and*

Methods for Examining the Net. Thousand Oak, California: Sage. 이재현 옮김. 2000. 『인터넷 연구방법』 서울: 커뮤니케이션 북스.

King, Gary., Keohane, Robert. & Verba, Sidney. 1994. *Designing Social Inquiry: Scientific Inference in Qualitative Research.* Princeton: Princeton University Press.

Knack, Stephen. & Keefer, Philip. 1997. "Does Social Capital Have an Economic Payoff? Cross-Country Investigation", *The Quarterly Journal of Economics* 112, 1251-1288.

Krishna, Anirudh. & Shrader, Elizabeth. 1999. "Social Capital Assessment Tool", World Bank. http://www.worldbank.org(검색일: 2002년 7월 4일).

Kwak, Nojin & Holbert. 2001. "Connecting and Disconnecting With Civic Life: Patterns of Internet Use and the Production of Social Capital", World Bank.
http://poverty.worldbank.org/library/view/14474/

Levine, Peter. 2000. "The Internet and Civil Society", *Philosophy and Public Policy.* Vol. 20, No.4.

Lin, Nan. 2001. *Social Capital: A Theory of Social Structure and Action.* UK: Cambridge University Press.

McLaughlin, Margaret L., Osborne, Kerry K., and Smith, Christine B. 1995. "Standards of Condunt on Usenet", In Steven G. Jones eds. *CyberSociety: Computer-Mediated Communication and Community*, Thousand Oaks, CA: Sage, 90-111.

Margolis, Michael., Resnick, David and Levy, Jonathan. 2003. "Major parties dominate, minor parties struggle: US elections and the Internet", Gibson, Rachel & Nixon, Paul eds. 2003. *Political Parties and the Internet: Net gain?*, London: Routledge.

Milbrath, L. W & Goel, M. L. 1977. *Political Participation*. Chicago: Rand McNally.

Narayan, Deepa. 1999."Bonds and Bridges: Social Capital And Poverty", World Bank. http://www.worldbank.org(검색일: 2002년 7월 4일).

National Economic and Social Forum. 2003. *The Policy Implications of Social Capital. Forum Report No.28*. Dublin Ireland: Government Publications.

Norris, Pippa. 2002. *Democratic Phoenix: Reinventing Political Activism*. New York: Cambridge University Press.

North, Douglass. 1990. *Institutions, Institutional Change and Economic Performance*. New York: Cambridge University Press.

Olson, Mancur. 1971. *The Logic of Collective Action*. US: Harvard University Press.

_____. 1982. *The Rise and Decline of Nations: Economic, Growth, Stagflation and Social Rigidities*. New Havens: Yale University Press.

Painter, Anthony & Ben Wardle. 2001. *Viral Politics: Communication in the New Media Era*. Politico's.

Pateman, C. 1970. *Participation and Democratic Theory*. Cambridge:

Cambridge University Press.

Pharr, Susan J. and Putnam, Robert D. 2000. *Disaffected Democracies: What's Troubling the Trilateral Countries?* Princeton, New Jersey: Princeton University Press.

Poster, Mark. 1997. "Cyberdemocracy: The Internet and the Public Sphere", David Holmes eds. *Virtual Politics*. London: Sage.

Putnam, Robert D. 1993. *Making Democracy Work: Civic Traditions in Modern Italy*. Princeton, New Jersey: Princeton University Press.

_____. 1995. "Bowling Alone: America's Declining Social Capital", Larry Diamond & Marc F. Plattner, eds. *The Global Resurgence of Democracy*. Baltimore and London: The Johns Hopkins University Press, 290-303.

Putnam, Robert D. and Lewis M. Feldstein. 2003. *BETTER TOGETHER: Restoring the American Community*. Simon & Schuster. http://www.bettertogether.org

Quan-Haase, Anabel. and Wellman, Barry. 2002. "Capitalizing On the Net", Wellman, Barry and Haythornthwaite, Caroline, eds. *The Internet in Everyday Life*. Blackwell Publishing Company, 291-320.

Rheingold, Howard. 1993. *The Virtual-Community: Homesteading on the Electronic Frontier*. Addison-Wesley Publishing Company.

_____. 2002. *Smart Mobs: The Next Social Revolution*. Perseus. 하워드 라인골드 지음·이운경 옮김. 2003. 『참여군중』 서울: 황

금가지 펴냄.

The World Bank Group. 2004. *Social Capital for Development.* http://www1.worldbank.org/prem/poverty/scapital/home.htm (검색일:2005년 12월 19일).

Verva, Sidney and Nie, Norman H. 1972. *Participation in America: Political democracy and social equality.* New York: Harper and Row.

Warren, Mark M. 1998. "Community Building and Political Power", *American Behavioral Scientist* Vol. 42 No.1: 78-92.

World Bank. 2002. "What is Social Capital", http://www.worldbank.org/poverty/scapital/whatsc.htm

_____. 2003. "Integrated Questionnaire for the Measurement of Social Capital", Social Capital Thematic Group. http://poverty.worldbank.org/library/view/11998/

3. 인터넷 사이트

7000번 버스를 타는 사람들	http://cafe.daum.net/bus7000
개혁국민정당	http://www.kppr.org
경기대학교 영자신문사 동문회	http://cafe.daum.net/pharos
국민의 힘	http://www.cybercorea.org
남산타운 21.Com	http://www.namsantown21.com

노무현을 사랑하는 사람들의 모임   http://www.nosamo.org

다모임   http://www.damoim.net

다음커뮤니케이션   http://www.daum.net

두산 세계대백과   http://www.encyber.com

드림위즈   http://www.dreamwiz.com

디시인사이드   http://www.dcinside.com

마이클럽 닷컴 코리아   http://www.miclub.com

메일친구를 찾습니다.   http://cafe.daum.net/cateurl

붉은 악마   http://www.reddevil.or.kr

빈폴, 폴로매니아   http://cafe.daum.net/beanpolo

랭키닷컴   http://www.rankey.com

사이버문화연구소   http://www.cyberculture.re.kr

삼성경제연구소   http://www.seri.org

싸이월드   http://www.cyworld.com

서프라이즈   http://www.seoprise.com

세계은행   http://www.worldbank.org

세이클럽   http://www.sayclub.co.kr

수지시민연대   http://www.sujicity.net

술모임과 우정   http://cafe.daum.net/soju1519

신도림동 대림아파트   http://sindorim.icitiro.com/index.jsp

아이뉴스24   http://www.inews24.com.

아이러브스쿨	http://www.iloveschool.co.kr
아헿헿 닷컴	http://ahehheh.com
오마이뉴스	http://www.ohmynews.co.kr
오마이블로그스	http://www.ohmyblogs.com
온라인 커뮤니티 비엔날레 2003	http://www.open4u.org
웹사이트 평가 그룹	http://www.seri.org/forum/wsvg
정보통신부	http://www.mic.go.kr
정보통신윤리위원회	http://www.icec.or.kr
조선일보 없는 아름다운 세상	http://www.joase.org
(주)셀빅	http://www.cellvic.com
줌인	http://www.zoomin.co.kr
! 중국 e-biz !	http://www.seri.org/forum/chinaebiz
지하철 5호선	http://club.sayclub.com/@line5
책 읽어주는 친구들	http://cafe.daum.net/bookreading
코리안 클릭	http://www.koreanclick.com
클래스매이트	http://www.classmates.com
통계청 통계정보 시스템	http://kosis.nso.or.kr
티테이블	http://cafe.daum.net/teatable
프레시안	http://www.pressian.com
프리챌	http://www.freechal.com
한국인터넷진흥원	http://www.nida.or.kr

한국전자산업진흥회	http://www.eiak.org
한국정보통신기술협회	http://www.tta.or.kr
한국정책지식센터	http://www.know.or.kr
함께 하는 시민행동	http://www.ww.or.kr
Daum카페 리더 모임	http://cafe.daum.net/CafeLeaders
M&A Power Forum	http://www.seri.org/forum/mna
	http://www.mnaforum.com

• 저자 •

송경재
(宋璟載)

• 약 력 •

경기대학교 경상대학 경제학과 졸업
경기대학교 일반 대학원 경제학 석사 (경제정책 전공)
경희대학교 일반 대학원 정치학 박사 (비교정치, IT정치 전공)

경희대, 인천대, 숭실대, 경기대 강사
코리아 PDS 책임 연구원
경희대학교 인류사회재건연구원 연구교수

• 주요논저 •

「사이버 공동체의 사회적 자본과 네트워크 정치참여」
「인터넷 사회자본 연구의 동향과 과제」
「인터넷 정치패러디와 표현의 자유」
「네트워크 시대의 인터넷 정치참여」
「사회적 자본과 네트워크」
 외 다수

사이버 공동체와 민주주의
: 사회적 자본과 정치참여

• 초판 인쇄 | 2006년 10월 30일
• 초판 발행 | 2006년 10월 30일

• 지 은 이 | 송경재
• 펴 낸 이 | 채종준
• 펴 낸 곳 | 한국학술정보㈜
　　　　　 경기도 파주시 교하읍 문발리 526-2
　　　　　 파주출판문화정보산업단지
　　　　　 전화　031) 908-3181(대표) · 팩스　031) 908-3189
　　　　　 홈페이지　http://www.kstudy.com
　　　　　 e-mail(출판사업부)　publish@kstudy.com
• 등 　 록 | 제일산-115호(2000. 6. 19)
• 가 　 격 | 22,000원

ISBN　89-534-5762-9　93340 (Paper Book)
　　　　89-534-5763-7　98340 (e-Book)